AF261605

LA RÉFORME

A COLMAR.

LA RÉFORME

A COLMAR.

COLMAR,

Imprimerie et Lithographie de Mme veuve DECKER.

1853.

I.

Nous venons de voir (¹) que la ville de Colmar était entrée, au commencement du seizième siècle , dans une période de décadence. Les mêmes symptômes se remarquent dans d'autres lieux encore. Je n'examinerai pas ici les causes de cet affaiblissement manifeste de la vie communale ; je me bornerai à constater ce malaise caché , cette souffrance , ce trouble inconnu , qui précèdent et amènent les révolutions.

Le moment était venu où l'humanité allait entrer d'un pas viril dans les voies de l'esprit moderne. L'homme si longtemps en tutelle allait rompre les liens que l'on s'efforçait de lui imposer. Les abus de l'autorité ecclésiastique , la confusion des deux puissances , la convoitise des princes , les mœurs dépravées du clergé , la dégradation particulière des ordres mendiants , la rénovation des études , enfin ce je ne sais quoi de providentiel qui guide les hommes à leur insu pen-

---

(¹) Ce chapitre et ceux qui le suivent sont extraits d'un travail inédit et plus étendu sur la ville de Colmar.

dant les époques de crise, tout tendait à produire une des explosions les plus terribles et les plus fécondes en résultats que l'historien puisse raconter.

La France, fille aînée de l'Eglise, admettait des principes que les papes considéraient comme une révolte contre leur autorité. Chez elle, la révolution était pour ainsi dire accomplie. Il n'en était point de même en Allemagne, le domaine particulier de Rome, où la puissance pontificale s'exerçait sans frein et sans contrôle. La réaction se fit longtemps attendre. Une rivalité de moines la provoqua.

Le mouvement fut plus rapide et plus passionné, partout où le clergé joignait à son autorité spirituelle l'exercice partiel ou intégral du pouvoir temporel. Colmar manifesta plus lentement son penchant pour les doctrines nouvelles des réformateurs.

La première trace que j'en trouve, c'est la publication faite à Colmar, en 1523, par Amand Farckall, le plus ancien de nos imprimeurs, de l'Explication des épîtres et des évangiles par Luther. (1) Ce livre est le premier imprimé à Colmar. Il est vrai que cette publication n'est que l'effet d'une entreprise particulière, mais cette entreprise était évidemment provoquée par l'esprit du temps.

L'influence de la réforme se fait sentir davantage dans l'attitude et les concessions du clergé. Ainsi lorsqu'en 1523 le magistrat résolut d'entourer Colmar de nouvelles fortifications, le chapitre de Saint-Martin, le prieuré de Saint-Pierre, la commanderie de Saint-Jean, les Dominicains, les Augustins, les Cordeliers, les religieuses d'Unterlinden et de Sainte-Catherine, Päris, comme propriétaire du moulin de Saint-Guy, s'empressèrent de contribuer à la dépense commune. (2) Deux ans plus tard, les Dominicains, les Augustins et les deux couvents de femmes montrèrent le même empressement pour se soumettre à la taille et aux autres contributions municipales. (3) L'état des esprits inquiétait tellement que les Dominicains adressèrent, la même année, une requête au magistrat pour recommander leurs biens à sa pro-

---

(1) *Awszlegung der Epistelen vnd Evangelien, die nach Brauch der Kirchen gelesen werden, durch den Aduent vnd dannenthin vom Christag bisz auff den Sontag nach Epiphanie. D. Martinus Luther. — (Gedruckt vnd vollendet in der loblichen Statt Colmar, durch Amandum Farckall, MDXXIII).* In-4° de 207 feuillets. Un exemplaire se trouve à la bibliothèque de l'école normale à Paris.

(2) CHAUFFOUR, *Annales mss. de Colmar*, année 1523.

(3) *Ibidem*, année 1525.

tection , en reconnaissant sa juridiction comme légitime , tant en matière réelle que de discipline , et qu'en 1526 , les religieuses d'Unterlinden et de Sainte-Catherine firent la même démarche auprès du magistrat. (1)

Cette soumission toute nouvelle , les exemples donnés par d'autres villes , décidèrent le magistrat , en 1528 , à frapper d'une manière énergique les déportements du clergé. Il rendit un décret par lequel il ordonnait à tout homme non marié de renvoyer la concubine qui logerait avec lui. Cette décision fut portée , par la voie ordinaire , à la connaissance des bourgeois ; de plus on cita par-devant le conseil tous les membres du chapitre de Saint-Martin , à qui l'on fit part spécialement de la résolution qui venait d'être prise. Les chanoines en reconnurent la sagesse et la moralité , et promirent de s'y soumettre. Toutefois ils demandèrent , pour s'exécuter , un délai d'un an. Le magistrat accorda la demande ; mais les membres du chapitre oublièrent bien vite l'engagement qu'ils venaient de prendre , et le magistrat se vit forcé , dès l'année 1529 , de leur rappeler d'une manière particulière le règlement de l'année précédente. (2)

Ce fait est l'indice évident du progrès énorme de l'opinion stimulée par la réforme. Mais ce mouvement si remarquable ne s'accomplissait point sans inspirer à ceux même qui lui obéissaient , des inquiétudes et des terreurs extrêmes. La crainte de l'empereur dominait ou retenait chaque progrès , et après la mesure vigoureuse que le magistrat avait prise , de vagues rumeurs annoncèrent que la ville de Colmar avait été dénoncée à Charles-Quint comme prête à renier le culte de ses pères et même à adhérer à la ligue suisse , comme Mulhouse venait de le faire.

Ces rumeurs prirent un caractère tellement précis et alarmant que le magistrat crut devoir adresser à l'empereur un mémoire justificatif de sa conduite. Le fait le plus grave sur lequel il chercha à se disculper, ce fut la conduite de son prévôt , Jérôme Boner dont je parlerai plus loin. Pendant une mission récente dont ce magistrat avait été chargé, on avait remarqué ses relations avec les partisans des doctrines nouvelles et surtout avec les députés de la ville de Bâle.

Charles-Quint répondit à la ville de Colmar le 5 octobre 1530. Il lui fit connaître qu'il était satisfait de ses explications , mais que du reste

---

(1) CHAUFFOUR , *Annales mss. de Colmar* , année 1526.
(2) Archives de Colmar, Nouveau livre rouge.

il n'avait reçu aucune plainte au sujet des inculpations dont elle était l'objet. (¹) Le magistrat continua dès-lors avec plus de hardiesse le cours de ses réformes.

La diète d'Augsbourg avait accordé à l'empereur un subside considérable contre les Turcs. La ville de Colmar en faisant la répartition de cette contribution, s'appuyant sur les principes d'égalité et de droit commun que les autres établissements religieux avaient déjà admis, imposa la commanderie de Saint-Jean pour une somme de 50 florins. Le receveur refusa de payer. Mais le magistrat, pour l'y contraindre, lui fit défense de passer sur le territoire de la ville. C'était un véritable emprisonnement dans l'enceinte de la commanderie. Le grand-maître de l'ordre de Saint-Jean de Jérusalem en Allemagne, Jean de Hattstein, dût intervenir, et il obtint, en 1535, de la chambre impériale de Spire, un jugement qui défendait à la ville de comprendre la commanderie de Colmar dans la répartition d'aucun impôt. (²)

Cet échec n'arrêta point le magistrat; l'esprit nouveau continuait à se propager. L'introduction, en 1535, de la réforme dans les domaines wurtembergeois de Riquewihr et de Horbourg, en établissant des foyers de propagande à portée des habitants, exerça sur leurs esprits la plus vive influence. La doctrine des réformateurs fit de nombreux prosélytes à Colmar, et l'opinion se dégagea peu à peu de la tutelle du clergé. Tels étaient les progrès déjà accomplis en 1538, que le conseil osa rendre le décret suivant :

« Les religieux doivent vivre d'une manière plus chaste et plus retirée, et éviter de donner du scandale.

« Ils ne devront plus admettre aucun novice sans l'aveu des autorités.

« Les confesseurs des couvents de femmes devront habiter les couvents particuliers de leur ordre et de leur sexe, et non plus ceux de leurs pénitentes.

« Les religieux en général devront éviter de trop fréquenter les religieuses et d'autres femmes.

« Enfin ils devront ne dire messe et vêpres qu'à jeun, et non point quand ils sont pris de vin. » (³)

Le gardien des Récollets, le prieur de Saint-Pierre et les Domi-

---

(¹) Archives de Colmar, S. B. L. 3, N° 2.

(²) Archives de Colmar, S. D. L. 4, N° 5.

(³) *Geschichte der Reformation in Colmar.* — 1790, in-8°, page 10.

cains s'engagèrent à observer ce règlement ; le prieur des Augustins, le père Jean Hofmeister, refusa seul de l'admettre.

« On ne sait, s'écrie à ce sujet l'historien de la réforme à Colmar, ce qui doit étonner le plus, des circonstances qui ont rendu un tel règlement nécessaire, ou du refus obstiné d'un ministre de Jésus-Christ de s'y soumettre ! » Si M. Lersé prétend insinuer par là que le père Hofmeister voulait maintenir à son couvent l'impunité de la dépravation, nous sommes en droit de combattre son interprétation. Le caractère connu du prieur des Augustins est trop pur et trop élevé, pour qu'il soit possible de laisser une tache de ce genre ternir sa mémoire. Le père Hofmeister en refusant de reconnaître le décret du magistrat, n'avait en vue que les prérogatives de son ordre, et résistait à ce qu'il considérait comme une usurpation de l'autorité temporelle.

Hofmeister était l'un des champions les plus dignes et les plus convaincus que le catholicisme opposa aux premiers progrès de la réforme. Né à Colmar, vers 1510, profès du couvent de cette ville, il devint successivement prieur de l'établissement, provincial de l'ordre dans la province de Rhin-et-Souabe, prédicateur de Charles-Quint, vicaire du général des Augustins en Allemagne. Le prince-abbé de Murbach, Rodolphe Stœr, avait une telle confiance dans les lumières, la capacité et le zèle du père Hofmeister, qu'il confia au couvent de Colmar l'éducation des jeunes hommes que leur naissance et leurs familles vouaient à la vie religieuse dans l'abbaye de Murbach. Son grand mérite le fit également désigner par Charles-Quint pour combattre Martin Bucer à la célèbre conférence de Ratisbonne. Les travaux de la prédication la plus active ne l'empêchèrent point de publier plusieurs ouvrages. L'un d'eux fut l'occasion d'un incident qui appartient à mon sujet.

Hofmeister avait écrit, en 1539 ou 1540, contre les articles que Luther voulait soumettre au futur concile. Son petit livre existe, (¹) et rien n'est singulier comme cette controverse. Hofmeister ne craint point de reconnaître combien le catholicisme s'était écarté de la morale et de la discipline primitives de l'Evangile. Il considère l'hérésie de Luther comme une punition infligée à l'Eglise, et redoute même, pour me servir de son expression, que le Christ ne passe complète-

<hr>

(¹) *Warhafftige Endeckung vnnd Widerlegung deren Artickel, die M. Luther auff das Concilium zu schicken, vnd darauff beharren fur genummen, durch B. Johannem Hoffmeister A. — (Colmar, bey Barptolomeo Grüninger).* In-4º de 52 feuillets.

ment des Nazaréens aux Samaritains. Mais il cherche à établir que les novateurs, outre leurs erreurs de dogmes, ne s'élevaient guère, quant aux mœurs, au-dessus de leurs adversaires. Cette thèse, nous dirons presque ce paradoxe, lui donne lieu de faire, avec une verve satirique, le parallèle des protestants et des catholiques.

« Que penser, dit-il, de la piété de l'un et de l'autre parti ? Pierre sommeille mal à propos ; Judas veille pour sa honte. La papauté dirige mal son ménage ; le luthéranisme, sous prétexte de l'améliorer, le perd complètement. Le luthéranisme injurie la messe ; à qui la faute, si ce n'est à la papauté ? Le luthéranisme ne veut plus de messe ; mais pourquoi la papauté la célèbre-t-elle habituellement de travers ? La papauté s'est enrichie à tort ; le luthéranisme dépense mal à propos. La papauté hante les femmes perdues, sans honte et sans vergogne ; le luthéranisme veut couvrir sa luxure du manteau de la vertu. La papauté possède beaucoup de prébendes ; le luthéranisme en revanche beaucoup de pensions. La papauté entretient ses concubines et ses mignons des biens de l'Eglise ; les biens de l'Eglise ne servent pas différemment au luthéranisme. La papauté fonde sa piété sur les frocs et les têtes rases ; le luthéranisme, sur des habits mondains et de larges barbes plantées au milieu du visage. Les papistes chantent leurs psaumes et n'y comprennent rien ; les luthériens les chantent dans un langage fleuri, mais ne s'en amendent point. Les luthériens recherchent la vertu tout en baffrant, et les papistes pour leur part prêchent plus le jeûne et la macération qu'ils ne les pratiquent. Le luthéranisme préoccupé plus du temporel que du spirituel, s'empare plutôt de la sacristie que du confessionnal, et de même la papauté s'inquiète de l'amoindrissement, non du spirituel, mais du temporel, et recherche plutôt les droits de la fabrique que la sainteté de la messe. Le luthéranisme gourmande les autres sur leurs vices et ne voit pas les siens propres ; la papauté voit les siens, mais refuse de se corriger. Bref, en ce qui concerne la piété, la vertu, la discipline et l'honneur, vous n'en trouverez pas plus chez l'un que chez l'autre parti. »

Ce passage et d'autres analogues, écrits d'un style vif et populaire, servirent de prétexte au magistrat pour saisir l'édition entière.

Cette mesure parut d'autant plus extraordinaire à Hofmeister qu'il n'avait jamais été, jusque-là, défendu à personne, à Colmar, comme il le dit lui-même dans l'une de ses requêtes au magistrat, (¹) de com-

---

(¹) Première requête au magistrat. Archives de Colmar, S. D. L. 5, No 3.

poser, d'écrire, d'imprimer, de vendre ou d'acheter quelque écrit
que ce fût. Les réformateurs avaient pu, en toute liberté, écrire contre
la célébration de la messe, prétendre, dans un autre opuscule, que
jamais les véritables doctrines de l'Evangile n'avaient été prêchées à
Colmar, attaquer violemment les religieux et leurs mœurs. (¹) Hofmeister réclama auprès du magistrat la main-levée de la saisie, en le
menaçant de faire intervenir la régence autrichienne d'Ensisheim. Il
oubliait, à ce qu'il semble, l'engagement particulier pris par les Augustins, au moment de leur admission à Colmar, de ne jamais recourir
contre la ville et les bourgeois à des juges étrangers. Le magistrat
toutefois fit examiner de nouveau la publication saisie, et sans tenir
compte des menaces de l'auteur, maintint la confiscation. Hofmeister
revint à la charge en 1543, et il paraît que sa réclamation eut alors
plus de succès. Sans pouvoir affirmer que son ouvrage lui fut rendu,
on peut l'induire du moins des excellentes relations que Hofmeister
ne cessa point d'avoir avec le magistrat de Colmar, jusqu'à sa mort,
arrivée à Günzbourg, le 22 août 1547.

L'influence que Hofmeister exerça à Colmar par son talent comme
prédicateur, le crédit qu'il obtint plus tard à la cour de Charles-Quint,
paraissent avoir conjuré pour un temps le goût de ses concitoyens
pour les doctrines de la réforme. Cependant cette influence devait être
en partie contre-balancée par celle des deux hommes dont je vais
parler.

Le premier, Jérôme Boner, remplit, pendant de longues années,
les charges les plus élevées de la magistrature municipale et repré-
senta fréquemment Colmar et les autres villes de l'Alsace aux diètes
de l'Empire. Il consacra ses loisirs à la traduction en langue allemande
de quelques-uns des meilleurs auteurs de l'antiquité. Il fit connaître
successivement à l'Allemagne Hérodien, Justin, Plutarque, Hérodote,
Paul Orose, l'Histoire de Hongrie de Bonfinius. Ces travaux avaient
disposé l'esprit de Boner à suivre le mouvement imprimé à l'Allemagne
par Luther, mais son expérience des affaires lui révélait en même
temps les difficultés qu'il y avait de faire entrer sa ville natale dans
les voies nouvelles.

L'autre, George Wickram, appartient à cette famille célèbre dont
l'un des membres, si l'on en croit la tradition, opéra le dessèchement
des marais de l'Au. Celui dont il est question ici figure parmi les

----

(¹) Seconde requête, S. D. L. 5, N° 6.

maîtres-chanteurs qui fondèrent à Colmar, au seizième siècle, une société poétique analogue à celles de plusieurs autres villes de l'Allemagne. Les travaux de Wickram ne sont pas moins nombreux que ceux de Boner. Il retoucha et publia l'ancienne traduction des Métamorphoses d'Ovide, d'Albert de Halberstadt, faite au treizième siècle, la Nef des fous de Sébastien Brandt, la Conjuration des fous de Thomas Murner. Il écrivit plusieurs romans, dont l'un, *le Fil d'or*, obtint, en 1809, les honneurs d'une nouvelle édition par les soins de Brentano. Il composa plusieurs drames, parmi lesquels je dois mentionner le *Fidèle Eckart*, représenté à Colmar pendant le carnaval de 1537, et où se reflète d'une manière assez précise l'esprit des réformateurs. Nul doute que le mouvement littéraire auquel ces deux hommes donnèrent lieu, n'ait contribué à préparer le sol pour les semences que les partisans des idées nouvelles cherchaient à répandre.

Un fait grave paralysa de nouveau l'influence que la réforme commençait à prendre, et contribua probablement à retarder le moment où la ville de Colmar devait y adhérer officiellement.

Sigismond, roi des Romains, avait engagé en 1413, moyennant vingt-cinq mille florins, le grand bailliage des dix villes impériales de l'Alsace aux comtes palatins du Rhin. Au moment où la maison d'Autriche s'efforçait de concentrer dans ses mains la domination universelle, elle devait songer à ressaisir ce qui avait échappé autrefois à l'Empire défaillant. Ferdinand Ier, effectua, en 1558, le rachat du bailliage provincial, en remboursant à l'électeur palatin, Othon-Henri, la somme de cinquante mille florins à laquelle avait été portée, en 1423, le prix de l'engagement. Par suite de ce rachat, les villes impériales se trouvèrent déchargées de toutes leurs obligations envers la maison palatine, et Ferdinand Ier s'empressa d'envoyer en Alsace des commissaires pour y recevoir le serment et l'hommage des dix villes.

Dans cette circonstance, l'empereur méconnut le caractère en quelque sorte synallagmatique du lien qui rattachait ces villes à l'Empire. Avant d'exiger obéissance, il ne songea point à leur garantir leurs droits, immunités et franchises. Les villes, celle de Colmar notamment, qui redoutait, surtout dans les circonstances présentes, l'autorité que la maison d'Autriche pouvait prendre, refusèrent de prêter le serment, jusqu'à ce que le nouveau bailli provincial eut été accrédité auprès d'elles et leur eut donné les reversales dans la forme ordinaire. L'empereur dût se rendre à ces justes exigences, et, représenté par Jean-Thiébaud Waldner de Freundstein, son lieutenant, il se fit reconnaître en qualité de grand-bailli.

Cet événement fit entrevoir aux bourgeois, dans les vagues lueurs d'un avenir qui pouvait être prochain, le despotisme catholique de la maison d'Autriche. La révolution religieuse qui se préparait depuis si longtemps, fut encore remise ; mais ses progrès, pour avoir été ralentis, n'en furent que plus sûrs, et les actes du magistrat nous servent encore à les constater.

En 1560, le magistrat qui avait demandé en vain, trois années auparavant, à l'évêque de Bale l'autorisation de faire disparaître quelques autels de l'église chapitrale, y fit faire, à titre d'administrateur de la fabrique, diverses réparations. Il profita de l'occasion, et, malgré la défense formelle de l'évêque, fit démolir sept autels. Le chapitre, outré de ce qu'il appelait une usurpation de pouvoir, en fit sa plainte à l'ordinaire. Il ne se borna point à signaler la démolition des autels ; il mentionna en outre tous les autres griefs qu'il put alléguer, tels que l'usage de la viande aux jours d'abstinence, la vente publique de livres protestants, la célébration des mariages les jours défendus, la fréquentation des églises du culte nouveau à Horbourg et dans d'autres communautés protestantes du voisinage.

L'évêque fit des reproches au magistrat sur sa tolérance à l'égard de pareils abus, et le somma de reconstruire les autels qu'il avait fait démolir. Mais le magistrat n'accorda d'autre satisfaction que de défendre aux bourgeois, sous peine d'amende, de se rendre aux offices protestants des paroisses voisines.

Cette interdiction était tellement illusoire, que les habitants ne craignirent nullement de l'enfreindre. Bien plus, en 1568, quelques bourgeois, imbus des doctrines nouvelles, osèrent présenter au magistrat une requête pour obtenir un temple et un prédicateur particulier, et le magistrat prit la demande en considération.

Une épidémie qui avait ravagé la ville en 1541, et qui avait enlevé en quelques mois trois mille cinq cents personnes, avait entièrement dépeuplé le couvent des Récollets. L'ordre ne pouvant plus occuper l'antique établissement qu'il possédait à Colmar, se décida à le vendre, avec l'agrément du saint-siége et de l'empereur. L'hôpital fit, le 7 novembre 1543, l'acquisition des bâtiments conventuels, avec tous les biens meubles et immeubles, rentes et cens qui en dépendaient, moyennant la somme de deux mille sept cents florins, et en s'engageant à donner asile, pour une nuit, à tous les religieux de l'ordre de saint François qui passeraient à Colmar. L'église fut attribuée à la ville.

Ce fut cette église que le magistrat assigna aux novateurs, en y instituant comme prédicateur Michel Buchinger, né à Colmar. Les adhérents de la réforme crurent qu'il allait prêcher les doctrines de la confession d'Augsbourg ; mais il n'en fut rien, et pour pouvoir pratiquer son culte, la partie protestante de la bourgeoisie dut continuer à se rendre à Horbourg ou à Riquewihr.

Quel que soit le résultat de la démarche qu'elle avait faite, il est curieux de voir que le chapitre de Saint-Martin n'intervint point. Il avait en quelque sorte le monopole de l'administration spirituelle de la cité, et il s'était montré jusque-là extrêmement jaloux de ses droits. Mais l'ennemi était dans son camp : Jean Schuler, partisan caché des idées de Luther, avait été nommé, en 1563, doyen du chapitre, presqu'en même temps que Sébastien-Guillaume Linck de Thurnbourg, et Jean Goll, l'un et l'autre exilés de Schlestadt pour leurs croyances religieuses, entraient au conseil de la ville. Ces trois hommes avaient formé entre eux d'étroites relations, et poursuivaient de concert le projet d'établir le protestantisme à Colmar. La plus extrême prudence avait jusqu'alors couvert leurs vues, lorsqu'en 1571, le dimanche après l'Epiphanie, Schuler osa, du haut de la chaire, attaquer les mœurs du clergé catholique. Jean Geiler de Kaysersberg, à Strasbourg, Jean Hofmeister, à Colmar même, tous les grands orateurs du culte ancien, lui en avaient donné l'exemple, mais dans les circonstances présentes le chapitre refusa de laisser traiter ce point ; il fit comparaître Schuler devant lui, le réprimanda vivement, et finit même par le révoquer de ses fonctions.

Mais la semence était répandue : chaque jour la fécondait de plus en plus. Toute la partie aisée de la bourgeoisie, tous les hommes qui par leurs études [ou les fonctions qu'ils exerçaient, avaient le plus développé leur intelligence, inclinaient vers les idées d'émancipation religieuse. Le ciel même parut, à Colmar, lancer sa condamnation au culte de l'autorité sans contrôle et de la soumission sans examen.

Le vendredi 23 mai 1572, à midi et demie, le feu prit à la toiture de l'église de Saint-Martin par la négligence du maître de l'œuvre. Il se propagea rapidement, sans qu'il fut possible de l'arrêter, et atteignit le clocher. Bientôt toute la charpente intérieure de la tour fut consumée, le plomb qui la recouvrait fondu ainsi que toutes les cloches, moins une, qui existe encore et qui sert de tocsin. La tour se fendit ; le fer qui joignait les pierres se dessouda ; la balustrade s'abattit sur la place. Cet immense désastre s'accomplit en trois heures. Il semble en quelque sorte le pronostic de la révolution religieuse qui devait suivre.

Le magistrat cependant prit immédiatement les mesures nécessaires pour réparer le monument ravagé. Il exigea de la bourgeoisie une contribution extraordinaire de dix mille couronnes, et de plus établit un nouvel impôt sur le prix de vente et d'achat de tout ce qui se débitait à Colmar, à raison d'un denier par florin. C'est ce que l'on appela le denier de Saint-Martin.

A l'aide de toutes ces ressources, la toiture de l'église fut rétablie, la tour recouverte, de nouvelles cloches fondues. Dès l'année 1573, ce désastre se trouva complètement réparé. Une circonstance que je dois faire remarquer, c'est que la plus grosse cloche, dite de Saint-Martin, pesant au-delà de soixante-quinze quintaux, fut fondue le 23 mai 1573, premier anniversaire de la catastrophe, et qu'elle fut retirée du fossé où elle avait été coulée, par cent cinquante bourgeois qui venaient de représenter sur un théâtre dressé devant l'église, l'histoire de saint Jean-Baptiste, le précurseur du Messie.

L'heure avait sonné où le protestantisme allait enfin se produire au grand jour. Le samedi 14 mai 1575, l'obristmestre, Michel Buob, proposa en plein conseil d'accorder enfin aux nombreux protestants de la ville l'exercice public de leur culte. Il présenta à l'appui de sa proposition une consultation signée de plusieurs jurisconsultes, qui reconnaissaient au magistrat de Colmar le droit d'introduire dans la ville le culte nouveau. Le bourguemestre Grégoire Berger, le prévôt Jean Goll, le syndic ou greffier Béat Hænslin, le conseiller Sébastien Linck, d'autres encore appuyèrent la proposition de l'obristmestre, et le conseil la décréta à une grande majorité.

Cette résolution fut tenue secrète : on ordonna seulement aux bourgeois de se réunir le lendemain matin, dimanche 15 mai, à cinq heures, dans leurs tribus respectives. L'obristmestre, suivi des autres membres du magistrat et du greffier, s'y présenta et fit donner lecture du décret qui avait été rendu la veille :

« Attendu, y était-il dit, que l'honorable conseil n'a pu obtenir jusqu'ici de prédicateur qui convînt à ceux des bourgeois qui se rendent chaque dimanche aux offices dans les communautés voisines, il décrète qu'il sera institué, dans l'ancienne église des frères Déchaux, un prédicateur chargé de prêcher selon les dogmes de la confession d'Augsbourg.

« Mais attendu qu'il est impossible de trouver sur l'heure de prédicateur en titre, Jean Cellarius, pasteur à Jebsheim, sera chargé de prononcer, le jour même, le premier sermon : s'y rende qui voudra.

« Il est à savoir du reste, que l'honorable conseil n'entend obliger personne à embrasser contre son gré telle ou telle religion. En cela il proclame pour chacun pleine et entière liberté. Et comme il doit veiller surtout au maintien de la paix et de la tranquillité, celui qui ne respectera point les croyances religieuses de son prochain, sera condamné à l'amende et à d'autres peines, même corporelles. » (¹)

Après que ce décret eut été proclamé dans toutes les tribus, le magistrat se rendit lui-même, en corps, au sermon qui devait être prononcé. Mais ce ne fut point Cellarius qui s'en chargea, ainsi que le décret l'avait promis. Ce fut David Hiemeyer, de Nordlingen, dont on possède encore le discours. (²) Si Colmar avait embrassé la réforme immédiatement après l'explosion primitive, ce discours d'inauguration eut sans doute reflété d'une manière énergique les passions du siècle. Mais une sorte de calme s'était fait dans les esprits ; aussi le sermon de Hiemeyer ne fut-il qu'une pâle déclamation, sans force et sans vie.

(¹) *Geschichte der Reformation in Colmar*, pages 17 et 18.

(²) *Ernewerung der Kirchen bey den Barfüssern im Spital zu Colmar, die noch vor 16 Jaren dem abgesagten Feind Gottes vnd seiner Kirchen, dem Teuffel sellbst, durch seine Baalitische Meszpfaffen, die verfluchten Franciscaner, Barfüsser Ordens, gedienet; jetzund aber, zum rechten Brauch gebracht : vnd zu eim solchen Ort den 15. Tag May, Anno 1575, eingeweyet worden. Regierende Herrn sind damals gewesen : Herr Michael Buob, Oberstermeister ; Herr Johannes Goll, Schultheisz ; Stättmeister, Herr Mathias Beer, Herr Gregorius Berger, vnd Herr Johannes Henckel. Gestelt durch David Hiemeier von Nörlingen, der Evangelischen Kirchen in Colmar Prädicanten. — Argentorati. Typis Nicolai Sylvani. An. XC, in-8° de 16 pages.*

II.

Combien ce mouvement qui s'inspirait des principes les plus élevés et les plus généreux de la nature humaine, se montra exclusif dans ses effets, et combien il parut avoir peu la conscience de lui-même ! Le protestantisme venait de s'introduire à Colmar par la volonté d'une majorité considérable ; sans tenir compte des droits imprescriptibles de la minorité, il crut ne pouvoir assurer sa liberté qu'en détruisant celle des catholiques. Une idée triomphe-t-elle, aussitôt elle opprime. On n'a jamais pu comprendre que penser juste ne donne pas aux uns le droit d'empêcher les autres de se tromper. L'erreur est légitime, elle est le fruit de la liberté.

Pendant que le bas peuple insultait les catholiques, le magistrat faisait valoir, comme administrateur de la fabrique de Saint-Martin, des prétentions inouïes. Il interdit au chapitre l'usage des cloches et de l'orgue, lui retira les ornements qui servaient à la célébration du culte dans la chapelle de la Vierge. Puis, afin de s'emparer de l'éducation de la jeunesse, il remplaça les instituteurs catholiques par des instituteurs protestants. Le clergé catholique fit ses plaintes, dès l'année 1575, à l'évêque de Bâle et à l'archiduc Ferdinand, comme bailli provincial d'Alsace. Ce dernier nomma, le 24 décembre, Christophe de Hagenbach et Ulric Schutz de Traubach, commissaires chargés de mettre fin aux difficultés. Mais le magistrat, s'appuyant sur les dispositions de la paix de religion, refusa de rendre le bailli provincial et ses délégués juges de la contestation, en disant qu'il saurait se justifier devant l'autorité compétente. L'archiduc fit aussitôt connaître l'affaire à Maximilien II, qui envoya à Colmar l'évêque de Strasbourg, Jean de Manderscheid, et Otton-Henri de Schwarzburg. Mais la mort de Maximilien ne permit point à ces nouveaux commissaires d'accomplir leur mission.

Le successeur de Maximilien, Rodolphe II, prit à son tour cette affaire en main. Sur les plaintes de l'évêque de Bâle, il le chargea, en 1576, de régler la difficulté de concert avec Guillaume Bœcklin de Bœcklinsau, prévôt du chapitre de Magdebourg. Mais le magistrat maintint résolument le droit qu'il avait d'admettre le protestantisme à Colmar, tant était faible encore dans ce moment cette puissance impériale, qui devait sitôt après bouleverser l'Europe par ses prétentions !

Le magistrat dut résister un peu plus tard à une influence moins grave. Parmi les doyens du chapitre de Saint-Martin qui avaient exercé les fonctions curiales à Colmar, avant l'introduction de la réforme, se trouvait Jean Raser, homme d'une foi plus ardente qu'éclairée. Retiré à Ensisheim où il exerçait les mêmes fonctions, il intervint à son tour et écrivit à Michel Buob, le promoteur de la révolution religieuse qui venait de s'accomplir, une lettre où il accumula toutes les ressources de son éloquence et de sa logique. Il parle à Buob de la responsabilité qu'il a assumée sur lui en introduisant l'erreur à Colmar. « Des protestants eux-mêmes, dit-il, trouvent honteux pour votre ville d'avoir abandonné le culte ancien. » Buob n'a-t-il point promis autrefois de ne jamais laisser s'introduire de nouveautés à Colmar ? Puis en continuant : « Cher ami, s'écrie-t-il, quel est le fondement de l'Eglise protestante ? Ne dites-vous point que c'est la parole de Dieu ? Mais je vous le demande, n'est-ce point des catholiques que vous l'avez reçue ? Qu'auriez-vous fait si vous n'aviez eu des Bibles catholiques ? Les protestants ont-ils d'ailleurs jamais pu faire un miracle ? Sont-ils parvenus seulement à chasser les démons ? C'est ce que font cependant journellement les prêtres catholiques par la puissance de la parole divine. » Telle était la foi de Raser, qu'en terminant il n'hésite point à proposer

à Buob de rendre en quelque sorte le diable lui-même juge de la vérité
de l'un ou de l'autre culte. « J'engage, dit-il, l'un de vos ministres à
se joindre à moi : nous prierons Dieu de donner pouvoir au démon de
venir saisir par la jambe celui dont la croyance est fausse. Je suis
persuadé que Dieu manifestera son penchant par un signe visible,
afin de rassurer ceux qui doutent et de ramener au bercail les brebis
égarées. (1) »

Cette intercession de Raser n'empêcha point le magistrat de soumettre le chapitre de Saint-Martin à une contribution de deux cent
trente-quatre couronnes, à titre de subside contre les Turcs, de défendre la prédication au clergé régulier, et la célébration des offices
publics dans les églises des couvents. Elle n'empêcha point davantage
le magistrat de surveiller particulièrement les mœurs du clergé, et
même à l'occasion d'une aventure scandaleuse que je ne veux point
rappeler, d'obliger les religieuses de Sainte-Catherine à observer
rigoureusement la clôture que leur règle leur imposait.

Tels étaient les progrès du protestantisme que, dès 1586, les
catholiques ne parvenaient plus à faire entrer un seul des leurs dans
le conseil. De ce moment le triomphe de la majorité fut assuré, et ni
les réclamations de la minorité, ni l'intervention de l'ordinaire ne lui
firent plus obstacle.

Le chapitre de Saint-Martin, considéré comme détenteur du capital
réservé aux frais généraux du culte, dut partager ses revenus avec
le clergé protestant qui s'occupait, concurremment avec lui, de l'administration religieuse de la ville. Une rente annuelle de vingt quar-
taux de blé et de cent florins fut assurée aux ministres, à titre de
portion congrue.

Jusque-là les catholiques avaient pu se livrer hors des églises à
toutes les pratiques de leur culte. Cette liberté pouvait causer des
désordres au milieu d'une population qui traitait le culte catholique
d'idolâtrie. Le magistrat défendit de faire des processions hors des
églises et de porter ostensiblement le viatique aux malades.

En même temps il convertit en place publique une partie du cimetière situé auprès de l'église chapitrale, et cette mesure, à laquelle on
aurait rendu justice dans toute autre circonstance, parut d'autant
plus vexatoire que le magistrat eut le tort de faire un corps-de garde

____

(1) *Geschichte der Reformation in Colmar*, pp. 20 et 21.

de la chapelle attenante au cimetière et de transformer en poudrière la chapelle de Saint-Michel, située rue des Tanneurs, et qui a subsisté jusque dans les premières années de ce siècle sous le nom de la Tour aux sorcières *(Hexenthurm)*.

Peu de temps après que le magistrat eut restreint la liberté de la chaire catholique, il dut remédier également aux abus de la prédication protestante.

On sait quelles sont les modifications graduelles de la doctrine sur la présence réelle dans les diverses églises de la réforme. La confession d'Augsbourg admettait la présence réelle dans toute sa rigueur, quoique d'une autre manière que le catholicisme. Tout auprès se place la doctrine un peu mitigée de la confession tétrapolitaine adoptée par Strasbourg. En Suisse, Zwingli et Calvin, plus hardis peut-être en raison de l'indépendance politique de leur pays, niaient d'une manière absolue que le corps et le sang de Jésus fussent consubstantiels au pain de l'eucharistie.

Colmar, placé entre les communautés des seigneuries wurtember-geoises et la confession d'Augsbourg, Strasbourg et sa confession mitigée, la Suisse et sa doctrine absolue, ne put se prononcer d'une manière décisive ni pour l'une ni pour l'autre de ces confessions diverses. Le magistrat s'était bien rallié, dès le premier instant, à la croyance prêchée dans le comté de Horbourg et la seigneurie de Rique-wihr ; mais au moment même de l'introduction de la réforme, il comptait jusque dans son propre sein des partisans secrets de la doc-trine de Zwingli. On n'en fit pas moins prêter aux ministres que la ville institua, le serment de rester fidèles à la pure doctrine de la confession d'Augsbourg, mais on leur défendit de combattre et de condamner ceux des novateurs qui s'en écartaient.

Malgré cette précaution, deux adhérents de Calvin parvinrent à se faire nommer à Colmar, en 1575 et 1577, aux fonctions sacrées. C'étaient Chrétien Serinus et Emmanuel Betuleius. Ces deux ministres, de concert et d'une manière en quelque sorte inaperçue, firent adopter peu à peu certains usages empruntés au culte des communautés cal-vinistes. Personne n'y prit garde, jusqu'à ce qu'en 1588, la mort de Betuleius laissa l'un des emplois vacants.

Le duc de Wurtemberg, dont l'intervention se fait voir fréquem-ment dans toutes les hésitations religieuses de Colmar, adressa au magistrat, en le lui recommandant, Jean-George Magnus qui reçut l'institution. Magnus était, ainsi que le remarque le judicieux, le philosophique Lersé, « l'un de ces hommes qui, par leur âpre et inintelligente tenacité à l'enseignement de leurs docteurs, ont entravé la marche de la réforme dès ses premiers pas, et nous ont imposé le christianisme de Luther, au lieu de laisser se développer la véritable religion du Christ. (¹) » Il avait déjà montré à Augsbourg toute la fougue emportée du théologien, en combattant l'adoption du calendrier grégorien, et en contestant au magistrat le droit d'instituer lui-même les ministres. Son excès de zèle en cette circonstance avait même obligé le magistrat de le révoquer de ses fonctions pastorales. Au moment où il arriva à Colmar, les difficultés qu'il fit pour admettre la formule de serment qu'on exigeait de lui, auraient dû éclairer le magistrat et l'empêcher d'introduire dans la ville un tel ferment de discorde.

L'œil vigilant de l'inquiet Magnus eut bientôt découvert les écarts peu orthodoxes de Serinus. Le jour de l'Ascension, il produisuit en chaire la doctrine de l'ubiquité de la nature humaine du Christ, et la défendit contre les Zwingliens avec cette ardeur agressive propre aux querelles théologiques. Le magistrat rappela sévèrement le prédicateur à l'observation de son serment ; mais Magnus répondit aigrement que sa conscience lui faisait un devoir de combattre l'erreur et de faire connaître ses fauteurs.

De ce moment la guerre fut déclarée. Serinus, pris à partie, soutint la doctrine de Zwingli sur l'eucharistie ; Magnus répliqua violemment, et il arriva souvent dans la suite que le sermon du soir, prêché par Serinus, se trouvait en contradiction flagrante avec le sermon du matin prêché par Magnus. Ainsi l'un des ministres s'avisa un dimanche de présenter aux fidèles une interprétation de certains articles de la confession d'Augsbourg, en prononçant anathème contre tous ceux qui ne partageaient point sa manière de voir. Son confrère, le même jour, présenta une interprétation contraire, en vouant aux flammes infernales tous ceux qui ne l'admettaient point.

Le magistrat dut intervenir dans ce débat. Il fit comparaître les deux adversaires devant lui et leur présenta une formule de déclaration sur les points qu'ils avaient récemment agités, en leur demandant de répondre par oui ou par non, s'ils voulaient l'admettre ou la rejeter.

(¹) *Geschichte der Reformation*, p. 67.

Serinus signa aussitôt ; mais Magnus fit des difficultés ; il examina longuement la profession de foi, et fut épouvanté d'y découvrir des principes d'une orthodoxie des plus douteuses. Il essaya de temporiser cependant ; mais le magistrat le força de convenir qu'il n'admettrait jamais de telles hérésies, et, sur ce, le révoqua de ses fonctions. Magnus se retira en proclamant Serinus un adhérent reconnu de Zwingli ; mais le magistrat, depuis ce moment, exigea de chaque ministre qu'il instituait, outre le serment dont j'ai déjà parlé, son adhésion aux articles qui avaient si fortement scandalisé Magnus.

Nous avons présenté la réforme comme un progrès de l'esprit humain, comme un premier essai de la méthode philosophique, comme un pas vers la liberté. Pour être impartial nous devons remarquer ici que son introduction à Colmar coïncide avec les malheureuses persécutions que l'on dirigea contre de soi-disant sorcières.

Je ne crois pouvoir mieux faire connaître les faits et l'esprit de l'époque où ils s'accomplirent, qu'en empruntant à d'anciennes annales, citées par M. Hunkler, (¹) le passage suivant :

« En l'année 1572, nos seigneurs firent arrêter plusieurs femmes qui furent *examinées* (appliquées à la torture) par l'exécuteur des hautes-œuvres Pancrace Müller. Elles avouèrent qu'elles avaient des relations avec le diable ; quatre d'entre elles furent brûlées vives, au mois de février, dans la gravière hors la porte de Rouffach. Cette exécution étonna bien des gens ; car on prétendait que les sorcières avaient leurs franchises à Colmar. Mais si elles comptaient sur leur droit d'asile, elles se trompèrent fort, car on en brûla dans la suite un plus grand nombre encore ; dans une seule année on en exécuta treize successivement, toutes furent réduites en cendres. »

Il est vrai qu'en plusieurs autres endroits, à Ammerschwihr, Turckheim, Ensisheim, Herrlisheim, Soultzbach, Riquewihr, Sigolsheim, Wintzenheim, Sainte-Marie-aux-Mines, les sorcières n'étaient pas mieux traitées alors ; mais dans une ville comme Colmar, au moment où la réforme s'y introduisait par l'influence d'hommes qui avaient la plupart développé leur intelligence en fréquentant les universités d'Allemagne, de France ou d'Italie, ces hommes capables d'assez d'indépendance d'esprit pour se soustraire au principe d'autorité en

____

(¹) Hunkler, *Geschichte der Stadt Colmar.* — Colmar, 1858, in-12, p. 173.

matière religieuse, auraient dû mieux résister aux préjugés populaires de leur temps.

« Le bruit se répandit, continuent les annales que nous citons, que les sorcières avaient causé un orage, accompagné de grêle, auquel on devait la destruction de toutes les récoltes. On leur attribua également le froid qui avait fait geler les vignes. Ce furent de grandes lamentations quand on vit quelles calamités ces abominables femmes avaient attiré sur le pays ; on les accabla de malédictions, et tout le monde courut les voir quand on les brûla. Elles pleuraient amèrement, et les spectateurs finirent par pleurer avec elles.

« On fit des prières pour que les sorcières n'eussent plus le pouvoir de nuire, et voici plusieurs années que l'on n'en entend plus parler. Nous en sommes donc délivrés, et nous espérons fermement qu'elles ne pourront plus accomplir le mal parmi nous. »

Pendant que la réforme, à Colmar, se traînait à travers les persécutions religieuses, les querelles théologiques et les procès de sorcières, le catholicisme veillait et agissait sans bruit. L'évêque de Bâle profitait d'une maladie du doyen de Saint-Martin, pour faire exercer les fonctions curiales par un Jésuite, le père André Sylvius. Le père Sylvius essaya petit à petit de regagner le terrain perdu. En 1597, il profita de l'approche de la fête de Noël, pour solliciter du magistrat l'autorisation de célébrer l'office de ce jour en musique et de faire sonner les cloches. « N'est-ce pas en ce jour, disait le père Sylvius, que ciel et terre doivent se réjouir ? Catholiques et protestants ne doivent-ils point célébrer également la naissance du Christ, du Sauveur qui est venu au monde ce jour pour le salut de tous ? » Mais le magistrat ne se laissa point toucher ; il refusa net son autorisation. (¹)

Le père Sylvius continua donc à suppléer le doyen, mais sans pouvoir franchir le cercle étroit dans lequel la réforme avait emprisonné le culte catholique. Le magistrat cependant ne voyait point sans inquiétude dans la ville un membre du redoutable ordre religieux dont la papauté avait fait la milice chargée spécialement de combattre les progrès du protestantisme. En 1604, le magistrat finit par défendre au père Sylvius de monter en chaire, attendu que les jésuites n'avaient jamais été admis dans l'église de Saint-Martin, et que dans

---

(¹) Hüffel, *Inventaire des archives de Colmar*, S. D. L. 9. N° 16. Les pièces analysées dans l'inventaire ne se trouvent plus aux archives.

d'autres églises du voisinage la chaire leur était également interdite.
L'évêque de Bâle réclama contre cette défense ; il prétendit que c'était
porter atteinte à ses droits comme ordinaire , et qu'il lui appartenait
seul de nommer aux fonctions de prédicateur et de curé de Saint-
Martin. Le magistrat soutint que sa qualité d'administrateur de la
fabrique , et les sacrifices que la ville s'était imposés , à l'exclusion du
chapitre , lors de l'incendie de 1572 , lui donnaient sous ce rapport
des droits supérieurs à ceux de l'ordinaire. Il prétendit de plus qu'il
ne devait aide et protection qu'aux membres du clergé qui lui faisaient
leur soumission, aux termes du serment que les bourgeois prêtaient
annuellement , et il ordonna en conséquence au père Sylvius de quitter
la ville.

L'évêque de Bâle ne se tint point pour battu ; il lui fallait à tout
prix introduire à Colmar cette corporation puissante, épée que l'Eglise
tient toujours sur la poitrine de ses ennemis , mais qui se retourne
quelque fois contre ceux qu'elle devrait garantir. Vers 1627 le nombre
des religieux bénédictins du monastère de Saint-Grégoire, dans la
vallée de Munster, se trouva tellement réduit qu'il n'y eut plus possibilité de pourvoir aux diverses fonctions conventuelles. L'évêque de
Bâle essaya de profiter de cette circonstance pour retirer à l'ordre
de Saint-Benoit la possession , dix fois séculaire, de cette abbaye , et
y établir les Jésuites. Le principal motif qu'il allégua , ce fut l'avantage
qu'il y aurait à substituer les Jésuites aux droits que les Bénédictins
de Munster exerçaient sur la paroisse de Colmar , afin de les introduire dans cette ville , et les mettre en mesure d'y combattre le protestantisme. Mais ce dessein ne put être réalisé, (¹) et les Jésuites
n'obtinrent qu'un moment leur admission à Colmar , après la nouvelle
révolution religieuse accomplie en 1628.

Au milieu de cette conflagration allumée par la passion religieuse,
et non par un véritable sentiment religieux, le magistrat, de concert
avec les pasteurs, fonda un établissement remarquable, et qui a rendu
de véritables services.

Depuis que la ville avait fait l'acquisition du couvent des frères Déchaux et y avait transféré son hospice , les anciennes constructions
qu'il occupait précédemment , étaient restées vacantes. Le magistrat

---

(¹) Dom CALMET , *Histoire mss. de l'abbaye de Munster* , chap. XXXVIII , in-4°,
à la bibliothèque de Colmar.

reconnaissant depuis longtemps l'insuffisance de l'enseignement que la jeunesse recevait dans les écoles de Saint-Martin, enseignement borné à la langue allemande, au catéchisme et à la musique, résolut d'ériger, sous le titre de gymnase, une école supérieure dans les bâtiments abandonnés de l'hôpital. Il fit reconstruire l'édifice et, en 1604, il y établit trois classes où l'on devait enseigner à la jeunesse les éléments de la langue latine et de la langue grecque, les principes de la religion, la musique et quelques règles d'arithmétique. Cet enseignement était complété par un cours public où les jeunes hommes apprenaient la logique, la rhétorique, et les sciences qui faisaient à cette époque partie de l'enseignement philosophique, telles que la physique, la métaphysique, les mathématiques, la morale, l'économie et la politique. On les exerçait, en outre, à l'usage des deux langues mortes dont ils avaient commencé l'étude dans les trois basses classes. De plus, ceux d'entre eux qui se destinaient au ministère sacré, y apprenaient les premiers éléments de la langue hébraïque. Le programme de ces études et le règlement du gymnase existent encore. Il est consolant de voir l'élévation de quelques unes des idées que l'on y émet et la sollicitude dont on y fait preuve à l'égard de la jeunesse. Les fondateurs du gymnase comprenaient qu'elle est « une partie importante de la famille humaine, la pépinière où Dieu choisit ses ministres et ses administrateurs. » Aussi trouve-t-on à chaque page du curieux document dont je parle, les marques d'un respect presque religieux pour les enfants. Les auteurs du règlement y recommandent continuellement aux maîtres l'emploi de la douceur, la politesse et les égards envers leurs élèves ; ils devaient surtout ne point les désigner par les infirmités du corps ou par d'autres dénominations injurieuses, et s'ils se voyaient contraints de les punir, ils devaient le faire sans emportement et avec mesure.

Une chose à remarquer, c'est l'heure des classes. En été, elles commençaient à six heures du matin et se fermaient à neuf ; en hiver, elles ne commençaient qu'à sept heures et duraient également trois heures. Les élèves rentraient toujours à midi, et quittaient le travail à trois heures. Dans les grandes chaleurs on leur donnait congé l'après-midi.

Le règlement se termine, à la manière du temps, par une invocation d'un beau caractère religieux : « Que Dieu, notre Seigneur, y est-il dit, accorde également la grâce de son esprit saint aux maîtres et aux élèves, pour le triomphe de son église et le salut commun de cette ville ; qu'il conserve cette école, noble joyau, pour la gloire de son saint nom, malgré tous les obstacles, jusqu'à la consommation des siècles. »

Cependant l'évêque de Bâle, Jacques-Christophe Blarer de Wartensée, ne perdait point de vue le rétablissement du catholicisme à Colmar. Il eut été beau de ne prétendre que le soustraire à l'oppression. Mais ce but ne pouvait être atteint, suivant les idées de l'époque, qu'en le rendant oppresseur à son tour, et en lui assujettissant le protestantisme. La question religieuse à Colmar donna lieu à une active correspondance entre l'évêque et l'empereur.

Nous avons vu quel avait été le résultat de l'intervention impériale dans les premières années de l'introduction de la réforme. Les nouvelles commissions, nommées en 1607 et en 1608, furent tout aussi impuissantes que celles de 1576 et de 1579. Dans ce moment, en effet, les Etats protestants pouvaient faire valoir leurs droits. On se rappelle qu'à la diète de Ratisbonne les députés protestants refusèrent opiniâtrement de donner suite aux affaires qui leur étaient soumises, avant que la question de religion n'eut reçu une solution définitive. On se rappelle encore que l'archiduc Mathias, le frère de l'empereur Rodolphe II, accorda aux protestants de ses possessions héréditaires le libre exercice de leur culte, et que l'empereur lui-même reconnut ce droit aux protestants de son royaume de Bohême. Colmar se crut assuré de maintenir sa conquête.

Mais en 1619 l'avènement de Ferdinand II à l'empire, fit abandonner ces principes de tolérance qui garantissaient le repos du monde. Ferdinand, il est vrai, prêta le serment solennel de respecter les libertés religieuses de la Bohême ; mais, dit-on, il jura au même instant, en secret, entre les mains d'un Jésuite, de détruire l'hérésie dans tous ses Etats.

Grégoire VII avait poursuivi, dans les âges moyens, la concentration des deux puissances entre les mains de la papauté. Dans les temps modernes, un ordre célèbre reprit l'œuvre interrompue d'Hildebrand. Mais, modifiant le plan suivant les circonstances d'alors et les exigences de l'esprit nouveau, elle voulut faire de la maison d'Autriche l'instrument qui devait donner le monde à la théocratie, et ce fut sous le règne de Ferdinand, l'élève des Jésuites, que ces prétentions se produisirent dans les faits.

Le premier but à atteindre, c'était de détruire l'opposition qui contrebalançait, dans l'empire même, l'influence de la maison d'Autriche. Dans la réalisation de ce dessein, on déploya l'habileté la plus froide et l'énergie la plus cruelle. C'est en vain que les protestants voulurent résister. Tous leurs défenseurs, le comte palatin du Rhin, le comte de Mansfeld, le duc de Brunswick, le marquis de Bade, virent leurs efforts se briser contre ce colosse qui s'était insensiblement formé. Débarrassés enfin de ces résistances, l'empereur et ses maîtres portèrent vigoureusement la hache sur l'édifice fondé par Luther.

Colmar prévit le sort qui le menaçait. Le magistrat essaya de conjurer l'orage en se relâchant de sa rigueur à l'égard des catholiques. Il voulut, mais trop tard, mettre fin à la discorde et rétablir l'union. Il défendit, sous les peines les plus graves, les discussions religieuses, visita les tribus, recommanda la paix et la concorde comme l'unique moyen de salut. L'approche du danger rendit en effet la population protestante moins exclusive ; mais les catholiques, aigris par cinquante années de persécutions, n'accueillirent point les avances qui leur étaient faites. Pour les partis qui voient poindre leur avènement, la vengeance est toujours plus douce que l'oubli et le pardon. — Dès l'année 1623, le bruit se répandit que l'empereur, victorieux et toutpuissant, allait intervenir de nouveau.

L'évêque de Bâle profita de cette situation pour porter encore une fois ses plaintes et ses prétentions devant l'empereur. Ferdinand ordonna aussitôt, en 1625, de renouveler la commission qui avait déjà été nommée pour juger cette affaire.

Les protestants avaient perdu, en 1626, le dernier champion qui s'était présenté pour les défendre. De même que leurs premiers auxiliaires, le roi de Danemark, quoique appuyé par l'Angleterre et la Hollande, avait été vaincu. Ferdinand II, ne prévoyant plus de résistance, se crut en droit de tout oser.

Par un mandement du 17 juillet 1627, il donna mission à son frère, l'archiduc Léopold, en sa qualité de bailli provincial, de nommer des commissaires chargés « d'empêcher le magistrat et la commune de Colmar de changer de religion, de mettre fin à toutes les nouveautés qui avaient été introduites, de lever les obstacles apportés à la célébration du culte catholique. » Il demanda en outre des renseignements détaillés sur les auteurs de la révolution religieuse qui s'était accomplie à Colmar, et sur l'état de l'opinion et des esprits.

L'archiduc Léopold signifia le mandement impérial au magistrat par une lettre du 2 novembre, et lui fit connaître en même temps qu'il avait délégué deux de ses conseillers intimes, le chambellan Jean-Ernest Fugger, comte de Kirchberg et de Weissenhorn, et le docteur en droit Jean Lindner, archichancelier de sa cour, en les chargeant d'exécuter les ordres de l'empereur.

Cette nouvelle, quoique conforme aux prévisions de tous, répandit la terreur et la consternation dans la ville. Presque l'universalité de ses habitants pratiquaient depuis longtemps le culte nouveau ; la plupart même étaient nés protestants. Résister était impossible ; essayer de convaincre les commissaires que le changement ne s'était accompli qu'en vertu de la paix de religion, eut été vain et ridicule. Le conseil se réunit toutefois et adressa à l'archiduc la justification de sa conduite. (¹)

Il rappela d'abord sa fidélité constante à l'égard de l'empereur : dans tout le cours des derniers événements, on ne pouvait citer aucun acte du magistrat qui put mériter à la ville la perte de ses libertés et franchises. Il prend l'archiduc à témoin de sa bonne administration, prouvée par le bien-être des bourgeois des deux cultes. Il se montre très-étonné de la plainte du chapitre de Saint-Martin, avec lequel il n'a plus eu depuis longtemps aucune difficulté, qui ne lui a pas adressé dans ces derniers temps la moindre réclamation, et qu'il a toujours traité avec les plus grands égards. Le conseil reconnut du reste la compétence de la commission impériale, mais demanda un délai pour pouvoir préparer sa défense.

L'archiduc n'accorda au magistrat de délai que jusqu'au 24 novembre.

Au jour fixé, les commissaires impériaux se trouvèrent à Colmar et commencèrent immédiatement leurs opérations. Ils présentèrent au magistrat le mandement impérial et leurs lettres de créance comme délégués de l'archiduc Léopold. Le magistrat ayant vérifié leurs pouvoirs, présenta aux commissaires sa défense au nom de la ville et de la bourgeoisie. (²)

Le magistrat, dans le mémoire dont il donna lecture à cette occasion, commence par faire ses réserves quant au peu de temps qu'on lui avait laissé pour préparer sa défense. Il rend compte ensuite de

---

(¹) *Geschichte der Reformation in Colmar*, pp. 43 et suiv.
(²) *Ibid.*, pp. 45 et suiv.

toutes les circonstances qui ont accompagné l'introduction de la réforme à Colmar ; il rappelle la prudence dont le magistrat fit preuve alors , cite les consultations qu'il obtint de plusieurs jurisconsultes. Il soutient que la ville avait le droit, en sa qualité d'Etat libre de l'empire, aux termes de la paix de religion, d'adopter la confession d'Augsbourg , droit que ni les électeurs , ni aucun prince de l'empire, voire même la chambre impériale, n'ont jamais contesté. Ce droit a été exercé par un grand nombre de seigneurs appartenant à la noblesse immédiate, même sans qu'ils fussent Etats de l'empire, et sans que l'empereur soit jamais intervenu. Le magistrat continue en exprimant l'espérance de voir maintenir par Ferdinand ii un état de choses autorisé par la paix de religion, et par le consentement de trois de ses prédécesseurs.

Puis réfutant les griefs allégués par l'évêque de Bâle qui se plaignait de l'atteinte portée aux droits de l'ordinaire, le magistrat rappelle qu'aux termes de la paix de religion toute juridiction ecclésiastique était suspendue à l'égard des protestants. Quant aux réclamations du chapitre de Saint-Martin, le magistrat prétend être en droit de le priver de l'usage des cloches et de l'orgue, non seulement en sa qualité d'administrateur reconnu de la fabrique, mais encore en vertu d'un véritable droit de propriété qu'il avait acquis en se chargeant seul de réparer les dommages causés à l'église par l'incendie de 1572; s'il a confié l'école de Saint-Martin à des maîtres protestants, il n'a fait qu'user du droit qu'il a toujours exercé ; s'il a refusé de reconnaître le père André Sylvius comme doyen du chapitre et curé de la paroisse, on doit se rappeler que le magistrat avait toujours été consulté sur le choix de ce dignitaire , et quant à la portion congrue que le chapitre donne aux ministres , le chapitre lui-même s'était soumis à cette charge, en 1586, en présence des commissaires de l'évêque de Bâle.

Pour ce qui concerne la défense faite au chapitre de faire des processions hors de l'église , et de se livrer à d'autres pratiques extérieures du culte, le magistrat fait ressortir dans sa défense la convenance de cette mesure et le danger qu'il y a pour le culte d'une minorité de blesser les susceptibilités religieuses de la majorité ; et quant à l'exclusion des catholiques du conseil, exclusion qui du reste n'était que le résultat des opérations ordinaires du renouvellement annuel, le magistrat rappelle que ce renouvellement s'est toujours fait en présence du bailli provincial ou de son lieutenant, et que jamais il n'a donné lieu à la moindre observation.

Sur tous les points, comme on voit, le magistrat prouvait qu'il était en droit d'agir comme il avait fait ; mais c'était le cas de rappeler pour la plupart de ses arguments le vieil adage : *Summum jus, summa injuria.* Il est évident que la plupart de ces mesures si parfaitement légales, étaient les actes d'une majorité dont rien ne contrebalançait l'omnipotence, et qui abusait impunément de sa force. Eussent-elles, d'ailleurs, été plus légitimes, que les commissaires n'en auraient point tenu compte. Aux moyens de défense présentés par le magistrat, ils répondirent seulement qu'ils n'étaient point venu pour juger, mais pour exécuter la volonté de l'empereur. Ils avaient reçu l'ordre de mettre fin à toutes les nouveautés et ils voulaient accomplir leur mission dans toute sa rigueur. Ils engagèrent le magistrat à se soumettre, attendu que la moindre difficulté de sa part aurait pour lui des conséquences bien autrement graves que celles qu'il voulait prévenir.

Le magistrat essaya cependant encore de conjurer le danger par les armes du raisonnement. Si l'empereur, dit-il, n'entend point faire jouir les villes impériales de la paix de religion, il ne peut cependant les traiter plus durement que les rebelles dont il avait réprimé les tentatives, et leur refuser l'exercice libre de leur culte. Il rappela que la ville de Colmar en particulier s'était toujours maintenue rigoureusement dans ses devoirs de fidélité, et qu'elle avait eu, en tout temps, les meilleures relations avec la régence d'Ensisheim. Il fit remarquer encore le désastre que causerait à la ville l'expulsion brutale des bourgeois protestants qui, par leur nombre, leurs richesses et leurs lumières formaient évidemment la partie la plus importante de la population, et aux yeux de qui la suppression de la liberté de conscience ne pourrait être qu'une sentence d'exil. Enfin il rappela que l'archiduc Léopold avait promis par serment, au moment où il se fit reconnaître en qualité de bailli provincial, de maintenir à la ville toutes les libertés et franchises dont elle jouissait au moment de sa nomination.

Cette seconde partie de la justification n'obtint d'autre réponse qu'un nouvel avis de se soumettre, sans plus de retard et sans réserve, à la volonté de l'empereur. Et pourquoi discuter, quand on a la force pour soi ? *Delenda Carthago !* Le protestantisme devait être détruit : telle était la résolution inébranlable d'hommes qui condamnaient

toute manifestation libre de la pensée humaine, plutôt que de voir détruire l'artifice de l'unité catholique. Le magistrat lui-même fut chargé
de l'exécution de l'arrêt définitif : le 9 décembre, vieux style, il dut
fermer les édifices consacrés au culte protestant et avertir les bourgeois de se conformer en tous points aux ordres de l'empereur.

Les catholiques applaudirent et ne s'aperçurent point du coup mortel
que le pouvoir absolu venait de donner à l'indépendance de la commune. Il s'était amassé, dans leur cœur, des haines profondes et im-
placables, pendant les cinquante ans que la suprématie des protestants avait duré, et la joie de voir les rôles changés et leurs oppres-
seurs opprimés à leur tour, leur fit regarder d'un œil indifférent la
détresse et les douleurs de la patrie commune livrée à l'Autriche. Le
jour de Noël, on fit la première procession publique autour de l'église
chapitrale, au milieu des marques non équivoques de l'allégresse des
uns, de la douleur et de la confusion des autres.

Le magistrat s'était flatté que l'empressement de sa soumission fini-
rait par obtenir un adoucissement aux premières rigueurs. Il n'en fut
rien. Le 11 février 1628, les commissaires se présentèrent de nouveau
à Colmar. L'empereur à qui ils avaient rendu compte de la manière
dont ils avaient exécuté ses ordres, les avaient chargés de signifier
au magistrat sa volonté définitive : aucun autre culte que le culte
catholique ne devait être toléré ; les ministres et les maîtres d'école
protestants devaient s'éloigner sur l'heure, et à ceux des habitants
qui refuseraient d'embrasser le catholicisme, l'empereur, par sa
grâce spéciale, ordonnait de quitter la ville dans l'espace de six mois.
De plus, il fut défendu aux bourgeois de faire étudier leurs fils dans
des universités protestantes ; le conseil ne devait plus être composé
que de catholiques ou de protestants convertis ; enfin il fut stipulé
que la ville abandonnerait aux Jésuites l'éducation de la jeunesse.

Le magistrat voulut en vain s'adresser à l'empereur, afin d'obtenir
quelque adoucissement à la dureté d'aussi sévères conditions, telles
que la permission pour les bourgeois protestants de rester à Colmar,
de conserver parmi eux un ministre, afin de ne point laisser s'éteindre
dans leurs cœurs la croyance que le siècle précédent y avait fait ger-
mer. La commission se refusa à tout nouveau retard, et la décision
de l'empereur fut signifiée, le 20 février, aux habitants réunis dans
leurs tribus.

L'exécution de ces ordres ne souffrit plus de retard : le 8 mars, les subdélégués convoquèrent le magistrat et le conseil , et demandèrent à chacun de ses membres s'il entendait revenir à l'ancienne croyance de ses pères. Sur trente-deux officiers il ne s'en trouva que huit dont la conscience se prêta à cet accommodement , ou dont la foi faiblit. Ils furent maintenus dans leurs fonctions. Les autres ne demandèrent d'autre faveur que de prêter serment à leurs successeurs , dans la salle du conseil et non en public , et d'être exemptés du service des gardes et des corvées , pendant tout le temps que durerait encore leur séjour à Colmar. L'une et l'autre demandes leur furent accordées.

Il fut pourvu , le 13 mars , au remplacement des membres du magistrat et du conseil qui étaient restés protestants. Mais il paraît que ce renouvellement partiel ne se fit point de la manière accoutumée , et que les commissaires firent eux-mêmes choix des nouveaux officiers. En procédant à l'installation de la nouvelle administration , les subdélégués adressèrent à ses membres une allocution par laquelle, rendant justice à l'honorabilité de l'ancien magistrat , ils témoignèrent que leur retraite n'avait d'autre cause que leur attachement aux dogmes du protestantisme. Ils renouvelèrent cette déclaration , le 19 mars , devant la bourgeoisie réunie pour prêter serment aux nouveaux magistrats.

On changea de plus tous les agents , tous les employés de la ville qui ne voulurent point soumettre leur conscience aux ordres de l'empereur. Trois d'entre eux seulement trouvèrent grâce , malgré leur refus : un gardien de la tour , le greffier du tribunal , Nicolas Sandherr , et le syndic Antoine Schott ; encore ce dernier ne fut-il maintenu que jusqu'à l'arrivée de Michel Blaser de Haguenau, qui le remplaça l'an d'après.

En même temps que les ordres de l'empereur étaient si strictement exécutés, les Jésuites furent introduits à Colmar : on leur livra l'église de l'hôpital, qu'ils occupèrent jusqu'à l'arrivée des Suédois. Ils furent bientôt rejoints par des Capucins et joignant leurs efforts communs à ceux du chapitre, ils commencèrent l'entreprise générale de la conversion des protestants. Le chapitre plein d'espoir dans le succès des prédications, auxquelles les bourgeois durent assister par corps de métiers , fit établir de nouveaux confessionnaux. Pour augmenter l'effet de l'éloquence admirable des pères jésuites et des pères capu-

---

(¹) *Geschichte der Reformation in Colmar*, p. 57.

cins, la ville reçut une garnison impériale de six cents Wallons, sous le commandement de Vernier. Appuyés de si puissants arguments et forts de la compression de toute manifestation du protestantisme, les missionnaires crurent que deux mois suffiraient pour remplir leur tâche. Mais leurs efforts n'aboutirent qu'à rendre l'exil moins dur aux nombreux bourgeois qui plaçaient la liberté de leur conscience au-dessus de l'amour de la patrie. Tous les habitants les plus aisés se réfugièrent à Strasbourg, à Bâle, à Mulhouse, à Riquewihr, vendant à vil prix ou ne vendant point leurs propriétés : les douleurs de l'exil et les horreurs de la pauvreté paraissaient à tous préférables au sacrifice de leur croyance. Le petit nombre de protestants qui restèrent à Colmar furent soumis aux plus rigoureuses mesures. Celui qui chantait des psaumes dans sa maison était condamné à payer de cinq à dix couronnes ; celui qui ne faisait point baptiser dans l'église de Saint-Martin, vingt couronnes ; celui qui ne se mariait point suivant le rite catholique, soixante couronnes ; celui qui participait à la sainte cène dans une église protestante, cent couronnes.

Les plus lents se soumettaient à tout afin de pouvoir prolonger leur séjour. Ils s'adressèrent à diverses reprises à l'empereur afin d'obtenir de nouveaux délais, et l'on arriva ainsi à l'année de l'émancipation, grâce à des retards, à des délais fréquemment renouvelés, grâce aussi à la connivence du magistrat qui ne voyait qu'à regret s'éloigner les riches protestants, taillables et corvéables à merci. Il est en effet une dernière garantie contre les tyranniques prétentions de l'arbitraire, c'est la difficulté d'appliquer ses arrêts. Les plus fougueux adhérents du despotisme, en exécutant ses prescriptions, trouvent, au moment d'agir directement sur les victimes, des obstacles insurmontables. Il n'est point facile de réaliser dans les faits les principes iniques que, de loin, il paraissait si aisé d'appliquer.

III.

Les entreprises de Ferdinand II contre Colmar se rattachaient au plan général de sa politique. A l'époque où nous sommes parvenus, tout promettait à ses projets un plein succès. La ligue protestante, ainsi qu'on l'a vu, avait été battue sur tous les champs de bataille, quel que fût le champion qu'elle opposât aux généraux de l'empereur. Le comte palatin s'était brisé contre Maximilien de Bavière, Mansfeld, contre Wallenstein, le roi de Danemark contre Tilly. Le signal des mesures extrêmes contre les protestants était donné par l'édit de restitution, et plus d'un cœur faible tremblait pour sa foi, lorsque, comme un lion, qui, de son fort, se rue dans la plaine, un défenseur nouveau s'élance de la Suède et change la fortune de l'Allemagne. Gustave-Adolphe expulse les impériaux de la Poméranie, rétablit les ducs de Mecklembourg dans leurs Etats, fortifie la ligue protestante par de nouvelles alliances, bat Tilly à Leipzig ; puis détachant de son armée, à droite et à gauche, ses nombreux lieutenants, il se dirige, front déployé , sur l'Allemagne méridionale. A Lützen , deux balles mettent fin à sa course victorieuse ; mais les généraux et les hommes d'Etat de Suède continuent son œuvre et poursuivent ses succès.

Avant la mort du héros suédois , deux de ses lieutenants, Chrétien de Birkenfeld et Gustave Horn , avaient déjà pénétré en Alsace. Le premier, il est vrai , n'avait fait qu'une simple apparition à la tête de troupes peu nombreuses ; mais lorsque , à la suite de son traité avec Strasbourg , Horn franchit le Rhin suivi de forces plus considérables, partout où l'Autriche tenait comprimée la manifestation des doctrines protestantes, on tressaillit de joie et se tint prêt à recevoir le libérateur.

Appuyé sur une base d'opération qui assurait sa retraite, Horn avança rapidement vers la Haute-Alsace. Benfeld et Schlestadt capitulent après une résistance vigoureuse , toutes les localités inférieures font leur soumission ; les impériaux ne peuvent plus tenir la campagne. Colmar reste l'un de leurs derniers boulevards , mais tout laissait apercevoir qu'il ne pourra se maintenir contre Horn.

Cette ville cependant était alors l'une des mieux fortifiées de la province. Dès l'année 1523 , le magistrat avait reconnu que le vieux mur, flanqué de tours et successivement agrandi, construit par Wolfhell, n'était plus , depuis l'invention de l'artillerie , une protection suffisante. Mais la décadence de la cité restreignait ses ressources ; il fallut recourir à une imposition sur les biens des couvents, à une taxe spéciale dont la perception fut autorisée , en 1547 , par Charles-Quint ; ce ne fut qu'en 1552 que l'on put commencer les nouvelles fortifications. Les travaux marchaient cependant avec une telle lenteur , qu'en 1579 , le magistrat consultait encore le célèbre ingénieur Daniel Specklé , de Strasbourg , sur la construction de quelques parties importantes du corps de la place. Enfin , à l'époque de la guerre de trente ans , la ville était entourée de murs et de fossés , munie de cinq bastions , de treize ravelins ou bastions détachés , de trois redoutes , de mines et de divers autres ouvrages. Quant au plan général , le reproche le plus grave qui pouvait lui être fait , c'était le peu de proportion qu'il y avait entre les bastions et la longueur des courtines.

Mais que peut toute la science de l'architecture militaire, quand le cœur, l'intelligence, la volonté, la confiance réciqroque font défaut aux habitants d'une ville menacée ! L'intervention de l'empereur avait eu des effets trop graves pour que l'on ne s'en ressentît pas au moment du danger. Une bourgeoisie profondément divisée, des magistrats impuissants et sans expérience, l'irrésolution générale, la haine universelle que l'on portait à la garnison, composée de deux cents hommes de cavalerie et de six cents hommes d'infanterie, recrutés à la hâte dans les environs de Belfort, que pouvait contre tous ces désavantages réunis l'ardeur du commandant Vernier, qui, à l'exception de quelques membres du magistrat, était peut-être le seul résolu à défendre la ville jusqu'à la dernière extrémité ?

Déjà quelques jours avant le siège de Schlestadt, le $^5/_{15}$ novembre 1632, un parti de cavalerie suédoise parcourut les environs de Colmar. Son apparition causa une très-vive alerte. On fit sonner le boute-selle, et les cavaliers de la garnison coururent à la rencontre de l'ennemi, en même temps que l'artillerie des remparts devait appuyer leur attaque.

L'ennemi, fort d'environ cent hommes, se tenait dans les vignes du canton appelé encore aujourd'hui *Weibel-am-Bach*. Quand les deux corps se trouvèrent en présence, séparés seulement de quatre ou cinq cents pas, quelques cavaliers lancèrent, de part et d'autre, leurs chevaux hors des rangs et échangèrent quelques coups de feu. Mais il était peu prudent pour les Suédois de s'approcher du canon de la place, et après une feinte en avant, ils commencèrent lentement leur retraite. Les impériaux, trompés par ce mouvement, poussèrent leurs chevaux à la poursuite de l'ennemi. On se joignit d'assez près pour faire feu des deux côtés. Les Suédois, excités par l'odeur de la poudre, et voyant leurs adversaires assez peu rassurés, les chargèrent vigoureusement. Ce fut le signal d'une débandade honteuse. Tous les cavaliers de la garnison tournèrent bride et coururent se réfugier sous l'artillerie de la place qui fit quelques décharges sur l'ennemi. Mais ce feu ne fit de ravages que sur les toits d'un moulin attenant à la ville, et les artilleurs étaient si peu exercés, le matériel en si mauvais état, qu'en voulant charger un canon sur le bastion Sainte-Anne, le boulet, hors de proportion avec la pièce, s'engagea avant d'arriver au fond. On courut en toute hâte chercher une tige en fer, pour l'enfoncer à coups de masse. Mais quand le canon se trouva enfin convenablement chargé, il ne se trouva personne pour oser y mettre le feu. Bref on parvint à grand'peine à tirer une dixaine de coups, si mal dirigés, qu'aucun des boulets ne dépassa la gravière, à moitié chemin de l'ennemi. Quelques Suédois enhardis osèrent poursuivre les cavaliers impériaux jusque sous les remparts. Cette escarmouche n'eut d'autre résultat que de faire voir à la ville la lâcheté de ses défenseurs et l'impéritie des chefs.

Peu de jours après cette escarmouche, Turckheim tomba entre les mains de l'ennemi et Sainte-Croix fut mis à sac. Colmar averti renforça la garde que la garnison fournissait chaque nuit, de deux compagnies de milice bourgeoise, et les citoyens convoqués par tribus, reçurent les conseils et les encouragements de leurs magistrats. On leur rappela en termes pressants la fidélité qu'ils devaient à l'empereur, et l'obristmestre Jean-Jacques Barth, qui se montrait particulièrement résolu, leur adressa une allocution dans laquelle il essaya de persuader que le danger n'était pas sérieux, et que s'il le devenait, on pouvait être assuré que Ferdinand II ferait porter secours à sa fidèle ville de Colmar. Mais que pouvait l'empire après les victoires de Gustave-Adolphe ?

Le jour même de cette réunion, le $^9/_{19}$ novembre, un trompette suédois se présenta devant la porte de Rouffach *(Kerker-Thor)*. Il sonna trois fois de son instrument pour se faire reconnaître, et demanda à parler à l'obristmestre. On le renvoya à la porte de Deinheim où le magistrat lui donna audience du haut des remparts. Le parlementaire lui remit une lettre adressée à toute la bourgeoisie, et déclara qu'il venait de la part du rheingrave Othon, dont les quartiers se trouvaient à Turckheim et qui sommait la ville de recevoir garnison, attendu qu'elle n'avait aucun secours à attendre et qu'elle était mal pourvue de vivres.

Barth répondit que l'on ne pouvait rien décider sans convoquer le conseil. « Adressez-vous non seulement au conseil, répartit le trompette, mais encore à toute la bourgeoisie. »

« Que l'on nous accorde au moins, reprit le magistrat, un délai de trois jours. » Le trompette répondit : « Le rheingrave Othon n'est pas habitué à de si longs retards. Si les magistrats de Colmar ne veulent point lui accorder l'entrée dans la ville, il emploiera contre elle les mêmes clefs qui ont ouvert les portes de Benfeld. »

Enfin sur les instances du magistrat, le trompette accorda un délai d'un jour, mais qui ne suspendit point les hostilités. A peine le parlementaire se fut-il retiré, que les Suédois détournèrent les eaux du Mühlbach et arrêtèrent ainsi les nombreux moulins qu'il alimentait de ses eaux. Colmar était réellement mal approvisionné : la population s'émut extrêmement quand elle reconnut qu'il ne lui restait que les moulins situés sur la Lauch pour convertir ses blés en farine.

Le lendemain matin , le trompette revint chercher la réponse du magistrat. Il demanda en même temps à entrer dans la ville pour s'y rafraîchir. Mais on le lui refusa. Le peu de considération qu'on témoignait pour sa qualité d'ambassadeur, exaspéra outre mesure le héraut-d'armes. Dans sa mauvaise humeur , il s'écria : « J'ai fait sommation, au nom de mon roi, à plus de cent quarante villes , non compris les simples forts , et jamais on n'a fait preuve à mon égard d'aussi peu d'estime qu'ici. Je n'aurais jamais cru que votre sens fût si obtus. Eh ! bien , bandez-moi les yeux , suivant les usages de la guerre , mais laissez-moi le c.. ouvert. (¹) » Malgré des réclamations faites dans un langage aussi brusquement militaire , le magistrat ne crut point devoir se rendre aux instances du soldat.

Sur ce , le conseil des échevins convoqués par le magistrat en raison de la gravité des circonstances , délibéra sur la réponse à faire au rheingrave. La séance dura de onze heures à quatre heures , et l'on y prit la résolution suivante :

« Premièrement , attendu que Colmar dépend depuis plus de huit cents ans du saint empire romain ; que la ville a prêté hommage, il y a quelques mois à peine, à Sa Majesté Impériale , et qu'elle est obligée envers elle , par son serment et son devoir , elle ne peut renoncer à la foi qu'elle lui doit ni se parjurer.

« En second lieu , il n'est point juste de recevoir dans la ville une autre garnison qu'une garnison impériale , et en considération des devoirs que Colmar doit remplir à l'égard de l'empereur, nous ne voulons point nous soustraire à son autorité , mais bien au contraire prétendons , avec l'aide de Dieu , nous maintenir fermement dans l'obéissance que nous lui devons. (²) »

Cette réponse fut remise au trompette , qui la porta à Turckheim.

Cependant les Suédois formaient autour de la ville un réseau de plus en plus inextricable. Un corps de dix mille hommes occupait, le long des montagnes , toutes les localités jusqu'à Rouffach. D'un autre côté l'ennemi prit possession , après une légère résistance , de Horbourg , dont la garnison vint renforcer celle de Colmar.

(¹) *Salva verecundia.*
(²) *Geschichte der Reformation in Colmar* , page 100.

Vernier dut prendre enfin des mesures pour assurer la défense de
la ville; mais contrarié par le mauvais vouloir des habitants, non moins
que par l'apathie du magistrat, il ne parvint même pas à débarrasser
les abords de la place des palissades, des haies, des clôtures et des
vignes qui facilitaient l'approche de l'ennemi. La terreur était grande
cependant; on se soumettait encore à la nécessité de se défendre;
mais on sentait qu'il était impossible de le faire utilement.

Le $^{12}/_{22}$ novembre, le même trompette qui s'était déjà présenté
apporta une nouvelle lettre du rheingrave Othon, qui voulait connaître
la résolution définitive des magistrats et des habitants. Le conseil per-
sista dans sa première réponse, et déclara que l'on se défendrait
jusqu'au dernier homme.

Le trompette avait fait de nouvelles instances pour entrer en ville.
Plein de dépit du nouveau refus qu'il éprouva : « Jusqu'ici, s'écria-
t-il, je suis toujours venu en ami; mais la prochaine fois ce sera en
ennemi. » Le magistrat craignait sans doute que cet homme n'essayât
de se mettre en relation avec la bourgeoisie protestante, et de fait
cette partie de la population ne dissimulait guère ses secrètes sympa-
thies pour les Suédois.

Les paroles du trompette étaient une déclaration de guerre, et
l'effet suivit de près la menace. Deux moulins situés hors de la place
et alimentés par les eaux de la Lauch, furent pillés. Il ne restait donc
plus à la ville que le moulin de Saint-Guy pour se procurer les moû-
tures dont elle avait besoin. Le découragement n'en devint que plus
grand, et les Suédois, secrètement avertis par les bourgeois protestants, ainsi que M. Lersé le remarque à cette occasion, [2] se plurent
souvent à augmenter encore le trouble et les inquiétudes des habitants. Dans la nuit du 12 au 13 novembre, vieux style, quelques
cavaliers suédois s'approchèrent tellement des murs, qu'ils purent
faire comprendre aux sentinelles, à la manière des héros d'Homère,
le peu d'estime qu'ils faisaient des gens de Colmar. Les sentinelles
donnèrent l'alarme; le magistrat, le commandant, la garnison, la
bourgeoisie entière, tout fut sur pied en un instant. On tira quelques
coups de canon sur les cinq ou six assaillants qui injuriaient la cité,
et ces derniers, tout en continuant, répondirent au feu de l'artillerie
en déchargeant leurs pistolets contre les remparts.

---

[1] *Geschichte der Reformation in Colmar*, page 100.

Au moment de cette alerte, deux cent soixante impériaux se présentèrent devant la porte de Bâle *(Steinbrücker-Thor)*, et demandèrent à entrer dans la place. Le magistrat qui craignait autant les protestants à l'intérieur que les Suédois au-dehors, avait demandé ce renfort de troupes. Partis de Brisach vers le soir, ces soldats avaient remonté le Rhin jusqu'à Dessenheim, où ils trouvèrent un officier pour les commander, et deux guides qui parvinrent à les mener, à travers la forêt par des chemins horribles dans cette saison, jusqu'aux portes de Colmar. Aucun des nombreux postes ennemis répandus dans la plaine ne les avait signalés. Mais au milieu de l'émoi nocturne que je viens de raconter, on refusa d'ouvrir les portes aux malheureux soldats, et ils durent bivouaquer au pied des remparts, jusqu'au matin.

Cependant le siège de Schlestadt avançait rapidement. Les Suédois, pour détourner les eaux de l'Ill, lui faisaient creuser un nouveau lit au-dessus de la place. Toutes les tentatives qui avaient été faites pour porter secours aux assiégés, avaient échoué; un corps considérable d'impériaux rassemblé dans ce but et auquel la garnison de Colmar avait fourni son contingent, avait été taillé en pièces à Wittenheim par la cavalerie suédoise commandée par le rheingrave Othon. Le bruit se répandait déjà à Colmar que Schlestadt capitulait, et cette nouvelle ajouta une nouvelle excitation aux passions qui divisaient les habitants; il s'y joignait encore la haine que l'on portait à la garnison, composée presque entièrement d'hommes qui ignoraient la langue allemande, et l'on sait combien divise la différence de langage, combien la difficulté de se comprendre rend défiant, et, si l'on est le plus fort, brutal et insolent.

On commençait partout à mettre en doute la possibilité de la défense; on se demanda ouvertement si l'on résisterait aux Suédois victorieux, et cette question donnait lieu aux plus vives discussions. Le magistrat effrayé de l'esprit qui se manifestait, résolut de prendre l'avis individuel de chacun des habitants. Les corps de métiers furent convoqués, et le syndic donna lecture à chaque tribu d'une note par laquelle le magistrat faisait connaître les tentatives que le rheingrave avait faites auprès de la ville pour la décider à recevoir une garnison suédoise, le refus qu'on lui avait opposé d'accord avec le conseil des échevins. « Mais nonobstant cette résolution, continuait le magistrat, le commandant Vernier avait appris que plusieurs des habitants parlaient de se rendre sans même essayer de résister; pour éviter un funeste désaccord, chacun devait déclarer s'il fallait, oui ou non, se défendre ; mais, ajoutait la note en terminant, on pouvait hardiment se prononcer pour l'affirmative, car si Colmar devait être assiégé, il serait certainement secouru. (1) »

Après cette lecture, le magistrat se retira et le chef de tribu somma chacun des assistants de répondre à la question qui leur était posée. Un petit nombre se prononça sans restriction pour la défense ; tandis qu'une grande majorité déclarait que, quelles que fussent les obligations que l'on avait à remplir envers l'empereur, et nonobstant le serment qu'on lui avait prêté récemment, en cas de siège la défense n'était possible que si l'on était sûr d'être secouru, et si le magistrat s'engageait à fournir à l'entretien des bourgeois, comme il faisait pour la garnison ; et que du reste si l'on était attaqué par plus fort que soi, il fallait s'en remettre à la volonté de Dieu, et tâcher d'obtenir une capitulation honorable.

Cette déclaration presque unanime fit sentir au magistrat et à Vernier combien peu l'on pouvait compter sur la population, et tous leurs efforts tendirent à renforcer la garnison, obligée maintenant à la fois de défendre la ville contre les ennemis du dehors et de contenir les bourgeois à l'intérieur. On résolut d'adresser à Brisach une nouvelle demande de renfort, et l'on fit partir un messager, porteur d'une lettre dans laquelle on demandait d'envoyer à Colmar *trois quintaux de Stockfisch.* Malheureusement ce messager fut arrêté par les gens de Sundhofen, et livré aux Suédois, qui se doutèrent du véritable sens de la lettre et la firent parvenir à sa destination par un de leurs émissaires. Le commandant de Brisach comprit aussitôt ce qu'on lui demandait, et fit partir trois cents hommes pour Colmar. Mais ce corps, après avoir passé le Rhin, n'arriva que jusqu'à Nambsheim, où il devait s'engager dans la forêt de la Harth ; il y fut surpris par les Suédois et taillé en pièces.

Le mauvais succès de cette entreprise répandit la consternation à Colmar. Il donnait la mesure de l'exacte surveillance que l'ennemi exerçait autour de la ville, et de la sympathie qu'il trouvait chez les populations protestantes du voisinage. On fit meilleure garde dans la place, et comme il arrive souvent quand on prend des précautions inusitées, les circonstances les plus insignifiantes occasionnèrent à diverses re-

---

(1) *Geschichte der Reformation in Colmar*, pp. 106-107.

prises de ridicules alertes. Des lumières répandues la nuit dans la campagne et que l'on prenait pour les mèches allumées de l'ennemi ; le craquement de la glace dans les fossés de la ville ; le bruit que faisaient les chiens de l'équarisseur en rongeant les os de leur dégoûtante proie et qui paraissait causé par l'ouverture de la tranchée, tout servait à répandre l'alarme. Il est vrai que les nombreux partis suédois qui traversaient le territoire de Colmar, la canonade que l'on entendait depuis Schlestadt, la fumée qui s'élevait de tous les points de l'horison, et qui signalait l'incendie des villages environnants, n'étaient point des circonstances de nature à rassurer la population.

Vernier reconnaissait combien sa position devenait difficile, avec une garnison tout-à-fait insuffisante, en présence du mauvais vouloir évident des bourgeois, et du peu d'autorité d'un magistrat incapable avec lequel il fallait cependant compter. Il essaya de se soustraire aux difficultés que l'administration locale lui suscitait, en demandant qu'on lui remît les clefs de la ville, et la garde exclusive des bastions. En même temps il insista de nouveau sur la nécessité de dégager les abords de la place ; mais il n'obtint que des refus, ou rencontra une force d'inertie plus fâcheuse encore.

On était parvenu ainsi au $^2/_{12}$ décembre, lorsque du haut de la porte de Rouffach les hommes de garde signalèrent de nouveau le trompette qui joua dans ces circonstances un rôle, dans sa pensée, si important. Il se fit encore reconnaître comme envoyé du rheingrave, au nom duquel il demanda pour la dernière fois quelles étaient les intentions de la ville. Sans respect pour son caractère d'ambassadeur, on le laissa maugréer deux heures au froid, devant la porte, sans lui donner de réponse ; enfin trois délégués du magistrat qui s'était concerté avec le commandant, lui signifièrent que la ville était résolue de se défendre jusqu'au dernier homme.

Le soldat avait eu, pendant sa longue station, le temps de préparer sa réponse : « Mon gracieux seigneur, le rheingrave Othon, a juré, dit-il, sur l'honneur, que pour faire un exemple, il traitera Colmar comme les impériaux ont traité Magdebourg. Il ne se passera point vingt-quatre heures sans que l'armée suédoise ne se rapproche de la ville pour punir les habitants de leur résistance. A vous autres gens de Colmar, il ne vous reste qu'à demander grâce, car votre ruine est certaine. Pour ma part je suis parfaitement satisfait de votre réponse. » Sur ces mots il tourna bride et piqua des deux vers Eguisheim.

Le nouveau refus du magistrat fit resserrer la place de plus en plus. Tout ce qui se présentait, à quelques pas des portes, était saisi. Le $^3/_{13}$ décembre, un certain nombre de femmes s'étant permis de se rendre dans la forêt du Neuland pour y faire du bois, furent surprises par un parti de Suédois au pont de la Thur. On les fit prisonnières, mais les soldats finirent par les renvoyer, à l'exception de huit des plus jeunes et des plus jolies qu'ils retinrent.

Dans la ville on continuait à faire bonne garde. On signala un jour, du côté de la porte de Brisach, un tambour suédois venant de Horbourg, et porteur de dépêches envoyées par le chef du corps posté en cet endroit. Le tambour, conformément aux usages militaires, fit entendre trois roulements. Mais les hommes de garde méconnurent sa qualité de parlementaire, soit par ignorance, soit dans une coupable pensée de provocation, et tirèrent sur lui plusieurs coups de mousquet. Le magistrat voulut punir cet attentat aux droits des gens, mais la recherche qu'il fit des coupables n'eut aucun résultat.

Le $^5/_{15}$ décembre, un nouvel envoyé se présenta à la porte de Brisach, porteur d'une lettre de Gustave Horn, arrivé ce jour même à Horbourg, après avoir pris possession de Schlestadt.

La nouvelle de la présence si rapprochée du célèbre lieutenant de Gustave-Adolphe, produisit à Colmar une émotion extrême. Pour les uns, elle présageait l'affranchissement ; pour les autres, la défaite ; d'un côté la liberté, de l'autre le joug. Quelques-uns à peine songeaient à se battre ; les plus résolus mêmes désespéraient. La haute réputation de Gustave Horn ; la supériorité de ses soldats ; l'habileté de ses lieutenants ; tant de villes prises ; l'Alsace presque entière en son pouvoir ; l'impuissance constatée de l'Empire ; l'évidente impossibilité où il se trouvait de porter secours, tout se réunissait pour convaincre la garnison et les bourgeois qu'il ne restait aucune chance de salut.

Le message de Horn était adressé au commandant Vernier, et dépeint si bien l'une des faces des mœurs militaires de l'époque, que je crois devoir le reproduire ici.

« Monsieur ,

« Si je n'avais fait voir aux villes qui jusqu'ici m'ont résisté, les effets sérieux de ma volonté, ou si je n'avais eu connaissance, comme soldat, des raisons suffisantes qui doivent décider Monsieur à entrer amiablement en accord avec moi, j'aurais peut-être hésité d'en écrire à Monsieur, comme on écrit à un cavalier. Mais comme, Dieu merci !

la prise des meilleures places et forteresses de ce pays démontre que je puis donner une suite réelle à mes paroles, et que, d'un autre côté, je suis informé que Monsieur manque de secours et mêmes des vivres nécessaires, m'en référant à ce sujet au propre message de la ville de Colmar, adressé au seigneur margrave, sous la date du 7me décembre, nouveau style, je veux, à moins que Monsieur n'aime mieux résister à la nature elle-même, en même temps qu'à moi, lui représenter qu'il vaudrait mieux pour lui et pour la garnison, non moins que pour la ville, accepter une capitulation honorable, que s'opiniâtrer quelques jours à une inutile défense, dont toutes les conséquences retomberaient sur lui. Des deux résolutions que Monsieur peut prendre, l'une lui procurerait honneur et profit, tandis que l'autre ne lui occasionnerait dans la suite, s'il plaît à Dieu, que regrets et confusion. J'attends là-dessus la réponse de Monsieur et nous recommande l'un et l'autre à Dieu.

    « Signé à Horbourg, le 5/15 décembre 1632.

      « Monsieur,

          « Votre affectionné serviteur,

            « GUSTAVE HORN. [1] »

Le jour suivant le trompette revint à Colmar; on lui banda les yeux et le mena chez le commandant, qui lui remit pour le général en chef de l'armée ennemie la réponse suivante :

      « Monsieur

« J'ai reçu celle qu'il a plu à Votre Excellence de m'écrire. Je réserverai une obligation très-particulière à la courtoisie et au soin qu'Elle daigne prendre pour la conservation de cette ville de moy et de mes soldats. Je la supplie très-humblement de réserver cette bonne volonté pour quand la nécessité me pressera davantage, puisque pour le présent je me vois plus en état de soutenir le siège dont Elle me menace, que reduit au point de Luy remettre cette place par sommation, notamment ayant ordre de la maintenir jusques au dernier homme, assurant que les vivres qui s'y retrouvent sont bastants d'attendre le secours qui, à ce que j'espère, obligera Votre Excellence de laisser continuer cette ville dans la protection ordinaire et légitime. C'est un prétexte assés spécieux pour me persuader qu'Elle trouvera mon opiniâtreté louable, puisqu'elle dépend de mon devoir et qu'elle sera protégée

---

[1] *Geschichte der Reformation*, pp. 114-115.

plutôt par l'autorité des armes de l'Empire, ce qui me fait résoudre de L'attendre avec autant de résolution de la recevoir, comme Elle témoigne en avoir pour m'attaquer, sous espoir qu'en toute autre occasion je serai

« de Votre Excellence

« très-humble et très-affectionné serviteur   VERNIER.

« à Colmar le 16 Déc. 1632. (1) »

La réponse de Vernier, dès qu'elle fut connue dans la ville, répandit parmi les habitants une consternation générale. On avait sous les yeux le sort de Benfeld et de Schlestadt, et chacun voyait déjà Colmar livré à toutes les horreurs d'un siège que Gustave Horn poursuivrait maintenant sans relâche et sans pitié.

Le général suédois renonçant à obtenir la reddition de Colmar autrement que par les armes, fit occuper, la nuit suivante, les deux moulins de la Mittlach et de Saint-Guy, attenants à la ville. La garde qui s'y trouvait postée, dut se retirer, et bientôt les rouges flammes de l'incendie apprirent aux bourgeois que les menaces de Horn n'étaient point de vaines paroles. On sonna le tocsin, et tout ce que la ville comptait de défenseurs, fut sur pied ; mais la destruction des deux moulins n'en fut pas moins accomplie. Peu s'en fallut même que les passions contraires qui animaient la population ne donnassent lieu à une lutte sanglante. Un protestant, Rodolphe Graf, témoin de l'incendie, ne put s'empêcher de s'écrier : « Quel dommage pour ces deux beaux moulins ! Puisqu'on ne peut espérer d'être secouru, mieux vaudrait cependant capituler, avant que la ville ne soit un monceau de ruines. » L'un des stettmestres, Jean-Jacques Buchmüller, entendant ces paroles, répartit : « Oui, c'est ce que demandent tous les bourgeois protestants. Leur drapeau fut toujours le drapeau des rebelles, et vous, Graf, vous figurez en tête des mal-intentionnés. » — « Ce n'est pas un honnête homme qui dit cela, répondit Graf à son tour. Vous, Buchmüller, vous voudriez bien voir la ville détruite, pourvu que tous les protestants fussent ensevelis sous ses ruines. » L'un et l'autre à ces mots mirent l'épée à la main, et sans l'intervention des assistants, on aurait vu le sang couler à Colmar par l'effet des fureurs de ses habitants, avant qu'une seule goutte fut versée pour sa défense.

____

(¹) *Geschichte der Reformation*, pp. 115-116.

Cependant l'embarras des magistrats devenait de plus en plus grand, à mesure que le péril augmentait. Si d'une part ils reconnaissaient que le manque de vivres, l'infériorité de la garnison, le peu d'espoir d'être secouru, le défaut d'union parmi les habitants rendaient la défense impossible, d'un autre côté ils avaient à compter avec Vernier, à qui sa qualité de chef militaire de la ville donnait le droit de parler haut, et que l'honneur du drapeau portait au moins à sauver les apparences. De plus ils sentaient bien que la reddition de la ville aurait pour premier résultat de rendre aux vaincus de 1628 toutes les conquêtes que le parti catholique avait faites à leurs dépens ; que c'en serait fini de leur propre dignité, et que plus jamais la robe de magistrat ne viendrait orner leurs épaules. Ces préoccupations diverses étaient si vives, la résolution à prendre, quelle qu'elle fut, amenait de tels résultats que les chefs de la cité, les pères de la patrie ne pouvaient se décider. Ainsi qu'il arrive aux hommes faibles qui ne peuvent s'élever à la hauteur d'une situation, ils se consultaient entre eux et consultaient tout le monde, cherchant l'homme capable de prendre la responsabilité d'une résolution. M. Lersé rend compte, à cette occasion, d'après un annaliste contemporain (¹), de la partie intime d'une séance du conseil, et je ne puis résister au désir de reproduire la scène qu'il retrace. Le bon sens de la population, l'ineptie des magistrats, les formes du respect que l'on accordait à leur autorité, s'y trouvent singulièrement mis en relief.

Parmi les agents de la ville, le maître de l'œuvre, Henri Bœhrlin, avait un renom particulier de prudence et de sagacité. Un jour que le magistrat et le conseil se trouvaient réunis au Wagkeller, on eut l'idée de le consulter sur la grande question qui préoccupait tous les esprits. On l'envoya chercher aussitôt.

A son entrée dans la salle, le syndic s'adressant à lui : « Maître Henri, lui dit-il, voici pourquoi nos seigneurs vous ont fait appeler : vous savez que les Suédois viennent de prendre Benfeld et Schlestadt ; vous savez qu'ils menacent notre ville du même sort, qu'ils ont même déjà détourné le canal et brûlé nos moulins ; vous savez de plus que la ville est très-insuffisamment pourvue de vivres, d'argent et de munitions. Or vous avez toujours eu le jugement prompt, et l'événement a souvent fait voir que vous êtes de bon conseil. C'est pourquoi nos

---

(¹) *Geschichte der Reformation*, pp. 118 et 19.

seigneurs voudraient savoir de vous s'ils doivent continuer la défense,
ou bien capituler. Qu'en dites-vous ? Quel est votre avis ? »

Bœhrlin pria le Conseil de l'excuser, alléguant son peu d'expérience qui ne lui permettait point de se prononcer sur de telles matières, d'autant plus qu'il n'appartenait qu'à ses gracieux seigneurs de décider, dans leur sagesse, ce qui convenait le mieux à eux-mêmes, à la bourgeoisie et aux intérêts communs de la cité.

On insista ; Bœhrlin continua à s'excuser, jusqu'à ce qu'enfin le syndic qui portait la parole au nom du Conseil, lui dit : « Eh ! bien, puisque vous refusez si obstinément de vous expliquer, je vous somme, en vertu du serment que vous avez prêté à Sa Majesté Impériale et à nos gracieux seigneurs, de donner votre avis librement et sans crainte, ainsi que votre raison vous le dicte. »

« J'en demande humblement pardon, répliqua Bœhrlin, mais puisque vous l'exigez, permettez-moi, avant de répondre, d'adresser une question à nos gracieux seigneurs, et s'ils y satisfont, je m'engage à dire tout ce que je pense. »

« Quelle est cette question ? » lui demanda-t-on.

« Je désirerais seulement, répondit Bœhrlin, savoir de nos gracieux seigneurs s'ils espèrent être secourus, quand et par combien de troupes ? »

« Il n'y a pas quatre semaines, pas trois, pas deux, pas même huit jours, que l'on nous a renouvelé la promesse de nous secourir ; il est vrai qu'aucune de ces assurances n'a été suivie d'effet, et pour tout dire, nous ne pouvons en aucune façon compter que l'on nous tiendra parole. »

« Dans ce cas, répondit Bœhrlin, puisque l'on n'a aucun secours à attendre et que la ville manque de vivres, je me permettrai de rappeler à mes gracieux seigneurs ce qui est arrivé à Schlestadt. Là, le commandant de la garnison a refusé de capituler et s'est défendu si bien, que la ville est aujourd'hui à moitié détruite et les habitants aux trois quarts ruinés. Le meilleur avis que je puisse donner, c'est de supplier nos seigneurs de songer à leurs intérêts et à ceux de la bourgeoisie. Le commandant qui a si bien défendu Schlestadt, s'est préoccupé, non des intérêts de la cité, mais de ses intérêts et de sa gloire à lui. Il serait à désirer que nos seigneurs capitulassent, avant que la ville ne fût écrasée par l'artillerie ennemie, pendant que nos maisons sont encore debout, et que toutes nos têtes se trouvent encore sur leurs épaules. Le commandant Vernier ne cherche que son propre avantage et non celui de la ville qu'il prétend défendre. Il sera contraint tôt ou tard de céder ; la ville sera perdue, mais il obtiendra une glorieuse capitulation et se retirera avec les honneurs de la guerre et tout ce qu'il lui plaira d'enlever. Je me permets de soumettre cette réflexion à la sagesse de mes gracieux seigneurs. »

Le Conseil reconnut la justesse de ces observations, et promit d'en tenir compte.

Pendant la séance même du Conseil, les corps de métiers avaient été réunis, afin de donner une dernière fois leur avis sur la situation. Si nous en croyons M. Lersé (¹), quelques notables protestants avaient fait répandre sous main un écrit de quelques pages dans lequel ils présentaient toutes les raisons les plus saillantes en faveur de la capitulation.. Les esprits, frappés par l'évidence du danger, étaient disposés plus que jamais à céder. Dès que la question fut posée, il s'éleva dans toutes les tribus d'unanimes acclamations ; « Sauvez-nous ; sauvez la cité. Nous ne pouvons rien contre les Suédois ; nous manquons de vivres, de munitions. Nous n'avons aucun secours à attendre. » Les chefs de tribus ne purent que transmettre au Conseil l'assentiment que tous les bourgeois donnaient à la reddition de la ville. Sous la pression générale de l'opinion, le magistrat envoya le même soir à Horbourg l'un des plus honorables bourgeois protestants, Emmanuel Rœttlin, avec une lettre pour le général en chef de l'armée suédoise. Un tambour accompagnait le parlementaire et faisait reconnaître sa mission.

Rœttlin se fit conduire de poste en poste jusqu'à Horbourg ; mais là il rencontra d'abord une résistance obstinée. On refusa de l'entendre, sous prétexte que Horn et le rheingrave étaient absents. Il insista fortement, et, grâce peut-être à sa qualité de protestant, il finit par triompher du mauvais vouloir des chefs suédois. Il revint en toute hâte à Colmar annoncer que deux membres du Conseil étaient mandés à Horbourg, pour y entamer officiellement les négociations. La nouvelle se répandit avec la rapidité de l'éclair, et remplit la population d'allégresse et de joie.

Mais le magistrat, en prenant l'initiative des négociations, méconnaissait manifestement les droits du chef militaire de la cité. Il se croyait encore, en quelque sorte, seigneur et souverain, il se per-

---

(¹) *Geschichte der Reformation*, p. 121.

suadait qu'il pouvait toujours disposer du sort de Colmar, comme au temps où la faiblesse et l'inertie du pouvoir impérial faisaient de toutes les villes immédiates autant de républiques autonomes. Mais Vernier voulait que son épée fût de quelque poids dans la balance. Dès qu'il apprit ce qui se passait, il courut au Wagkeller, et au nom de l'empereur qui lui avait confié le commandement de la place, et à qui il en devait compte, il protesta avec hauteur contre la suite que l'on voulait donner à la démarche de Rœttlin. Le magistrat prompt à céder à Vernier retomba dans ses irrésolutions, et laissa échapper cette occasion, qui paraissait cependant devoir être la dernière, de soustraire la ville aux désastres dont l'ennemi la menaçait. Les Suédois ne voyant point venir les envoyés du magistrat, se crurent joués, et reprirent vigoureusement les travaux du siège. Aidés des paysans protestants de la vallée de Munster et des possessions de Wurtemberg, ils firent la même nuit, du 18 au 19 décembre, l'ouverture de la tranchée. Les assiégés, sur leurs gardes, dirigèrent contre les mineurs toutes les ressources de l'artillerie, mais sans autre résultat que de blesser assez grièvement, vers le matin, un soldat suédois. Les travaux si peu gênés avancèrent rapidement : lorsque le jour parut les bourgeois s'aperçurent avec épouvante que la tranchée était ouverte depuis le chemin de Horbourg jusque vers le bastion Sainte-Anne, et qu'une batterie était prête à ouvrir le feu contre la place.

A cette vue, une indicible consternation se répand dans la ville. On se rassemble dans les rues, on discute sur l'imminence du danger. Tout le monde se trouve d'accord et renonce à la défense. Le magistrat lui-même, réuni au Wagkeller, délibérait sur les mesures à prendre, lorsque Vernier accourt, Vernier qui seul voulait exposer la ville à toutes les horreurs d'un siège, malgré la répugnance obstinée de l'universalité des habitants. Introduit auprès du magistrat, il rappelle les devoirs que la confiance de l'empereur lui avait imposés en lui remettant le commandement de la place, fait sonner haut la fidélité que les chefs de la cité avaient fait serment d'observer, leur reproche les négociations entamées avec les Suédois, et jure que s'il avait rencontré le négociateur il l'aurait percé de sa main. En disant ces mots, d'un geste violent, il saisit la garde de son épée, et proteste qu'on lui arrachera plutôt la vie que de le faire consentir à de nouvelles négociations.

Les portes du Wagkeller étaient restées ouvertes, et dans la rue se trouvaient un nombre considérable d'habitants réunis par le danger commun et par l'espoir d'une solution favorable. Ils avaient suivi avec anxiété la conférence de Vernier et du magistrat et saisi, par l'attitude emportée du commandant, le sens de ses paroles. Ils espéraient cependant encore un acte énergique de la part du magistrat; mais de plus en plus irrésolus les stettmestres et l'obristmestre entendant sonner la cloche de l'église de Saint-Jean, se lèvent pour se rendre à l'office du matin. Vernier les suivit, et modérant un peu ses premières paroles, il fit comprendre que son honneur l'obligeait à ne point rendre la place à la première sommation, et qu'il ne voulait que sauver les apparences. Le magistrat, soulagé par cette déclaration qui lui laissait entrevoir la possibilité de concilier les deux intérêts en jeu, décida que, pour le moment, on se défendrait. Vernier prit aussitôt ses mesures, et donna à ses officiers l'ordre de réunir les soldats, pour l'heure de midi, sur leurs points de ralliement.

Au point où mon récit est parvenu, ma plume éprouve quelque difficulté à poursuivre. Je l'avoue, j'hésiterais à retracer la scène tumultueuse et sanglante dont les suites ont si longtemps excité les haines et les passions religieuses de ceux qui nous ont précédés, si je n'espérais en toute sincérité, sûr de la bonne foi et de la liberté de mon jugement, restituer, par une appréciation nouvelle des faits, son véritable caractère à cet événement.

Pour comprendre cet épisode de l'histoire de Colmar, il ne faut perdre de vue aucune des circonstances qui précèdent; il faut se rappeler que jusqu'au commencement du dix-septième siècle, l'empereur n'avait jamais exercé dans cette ville qu'un pouvoir en quelque sorte purement nominal. Malgré son immédiateté, Colmar s'était jusqu'alors régi par lui-même, conformément, il est vrai, aux constitutions et aux priviléges octroyés par les empereurs. Il jouissait de toute l'indépendance de la commune au moyen-âge, en possession de véritables droits régaliens et de souveraineté. En échange de la protection le plus souvent fictive que l'empire lui accordait, outre son contingent en hommes pour l'armée impériale, des subsides et une contribution spéciale, Colmar ne lui devait que foi et hommage.

Pendant de longs siècles, Colmar ne s'était point départi de sa fidélité traditionnelle. Mais lorsque le chef de l'empire, après un si long oubli de ses droits les moins contestés, entraîné par le mouvement qui tendait à subordonner la commune à l'État, et par une réaction toute naturelle, mais nullement légitime, osa porter la main, non seulement sur la souveraineté de la commune, mais encore sur la souveraineté de la conscience de ses habitants, tous les liens se relâchèrent. Dans cette crise, la commune parut se désorganiser, sa population se dispersa au loin, tous les éléments de la société furent sur le point de tomber en dissolution.

Lorsque Gustave-Adolphe et sa vaillante armée parurent dans l'arène où se débattait la question de la liberté religieuse, on se le rappelle, les protestants de Colmar, comme ceux de l'Allemagne entière, applaudirent aux succès de leur champion. Mais au moment où l'un de ses lieutenants pénétra en Alsace et refoula les impériaux, leur joie ne connut plus de bornes ; ils prévirent le moment de la délivrance et attendirent avec impatience le libérateur.

Mais par suite de leur défaite de 1628, Colmar avait reçu, pour la première fois, une garnison impériale, et son chef paraissait résolu à faire son devoir, à résister vigoureusement à l'ennemi. Vernier dans cette circonstance pouvait, sinon empêcher du moins retarder l'affranchissement.

La défense de la ville était une entreprise bien hasardeuse, après l'occupation de Benfeld et de Schlestadt. Il était impossible que le projet du commandant eut d'heureux résultats, et, à l'exception de quelques uns des plus fougueux membres du magistrat, personne ne se faisait illusion. Résister à une armée victorieuse, dans les conditions défavorables où se trouvait Colmar, c'était attirer sur la ville d'inutiles et d'immenses malheurs. La population entière se prononça donc contre le commandant, et, bientôt, par sa résistance à l'opinion, Vernier inspira, mêmes aux catholiques, des craintes beaucoup plus vives que Gustave Horn. L'exaspération des habitants se fit jour, comme il n'arrive que trop souvent en pareil cas, par les bruits les plus sinistres et les plus ridicules à la fois. On alla jusqu'à prétendre que Vernier était lui-même d'accord avec les Suédois, qu'il devait mettre le feu à la ville et égorger tous sés habitants.

Les ordres qu'il avait donnés en quittant les stettmestres, l'empressement des officiers à les transmettre aux soldats, le mouvement inaccoutumé que cela produisit prêtèrent à ces bruits une apparence de réalité. Un bourgeois entend donner aux soldats l'ordre de s'armer, il croit que c'est le signal du massacre, se jette dans la rue, et donne l'alarme. A ses cris on accourt, on s'interroge ; les mieux informés ou les plus effrayés commentent les projets que l'on attribue à la garnison. L'agitation est à son comble.

Dans le moment même, auprès du Wagkeller, un tambour commence à battre le rappel. On se jette sur lui, et mécontent de la réponse qu'il donne, les bourgeois crèvent sa caisse et le tuent.

On s'enivre du sang versé; chacun s'arme; on s'empare des portes, on se répand dans la ville, et au son lugubre du tocsin, les bourgeois massacrent tous les soldats isolés qu'ils rencontrent. Toutes les haines qui s'étaient amassées contre la garnison se font jour. On poursuit les malheureux soldats jusque dans les lieux consacrés; trois d'entre eux trouvent la mort dans l'église des Dominicains, et le maître d'école de Saint-Martin en tue un autre de sa propre main dans l'église du chapitre où il s'était réfugié.

Cependant l'historien peut citer quelques traits qui n'ont rien de commun avec cette sauvage et aveugle férocité. Plusieurs bourgeois sauvèrent la vie des soldats qui logeaient chez eux et qui avaient su gagner leur amitié. Vernier lui-même, serré de près par quelques furieux, dut son salut au meunier Schlund, voisin de l'église chapitrale.

Cependant au milieu de ce désordre, une notable partie de la garnison parvint à se rallier. Mais les bourgeois ne s'arrêtent point à la vue des soldats en armes et rangés en bataille. Ils se ruent sur eux, et après une lutte de courte durée, les soldats se rendent prisonniers. Le massacre cesse aussitôt; on désarme les soldats, et on les conduit à la tribu des laboureurs et à celle des maréchaux pour y être gardés.

Ce fut la fin du désordre; on pilla encore le logement de Vernier, mais tout s'apaise bientôt. Le magistrat, dont quelques membres avaient eu à subir de mauvais traitements, reprit ses fonctions. Mais pendant les deux heures que dura le tumulte, il y eut plus de vingt soldats de tués et une centaine de blessés, tandis que du côté des bourgeois, quelques uns à peine furent légèrement atteints.

C'est ainsi que se termina cette scène, renouvelée, dirait-on, des plus mauvais jours du moyen-âge communal, et dont la tradition subsiste encore vivante, quoique un peu troublée, dans la mémoire de nos concitoyens. Je me souviens moi-même avoir entendu, dans mon enfance, raconter qu'en égorgeant la garnison, les bourgeois ne voulaient que se soustraire à une autre Saint-Barthélemy. C'était également l'opinion des contemporains, ainsi que le prouvent toutes les annales du temps.

Pendant la lutte, les Suédois, avertis par le drapeau blanc que l'on avait arboré sur le clocher de Saint-Martin, ou informés peut-être plus directement de ce qui se passait, s'approchèrent très-près de la ville. Ils témoignèrent, par des signes peu équivoques, la joie que l'énergique résolution des bourgeois leur faisait éprouver.

Dès que la ville ne trouva plus aucun obstacle à sa reddition, on renoua les négociations avec Horn. On ouvrit les portes à deux officiers suédois qui se présentèrent en garantie de Jacques Hafner et de Barthélemi Thürninger, deux bourgeois envoyés à Horbourg, et porteurs des conditions que le magistrat mettait à sa capitulation.

Ces deux députés furent accueillis, mais leurs demandes rejetées sans exception. Il était trop tard pour stipuler des conditions : les bourgeois protestants pouvaient, d'un moment à l'autre, se rendre maîtres de la ville, et du reste les inconséquences du magistrat dans ces dernières occasions, n'étaient point de nature à lui mériter beaucoup d'égards.

Les propositions du magistrat ayant été repoussées, quelques notables protestants se chargeant d'office des intérêts de leurs concitoyens, présentèrent à Gustave Horn un projet de capitulation que M. Lersé affirme avoir été préparé dès le mois de septembre (¹). Mais de vaincus devenant vainqueurs, les rédacteurs du projet ne s'étaient point assez souvenu que ce n'est jamais contre des concitoyens qu'il est permis de faire valoir la vieille maxime de Brennus : *Væ victis !* Horn refusa de souscrire aux articles qui lui étaient soumis, et les remplaça par les conditions suivantes :

« 1. — Sa Majesté Royale de Suède maintient la ville de Colmar, comme ville du saint Empire romain, en la pleine jouissance de ses priviléges, franchises, immunités et juridictions tant en matières spirituelles qu'en matières temporelles, ainsi qu'elle en jouissait en l'an du Seigneur 1626 ; de telle sorte que Sa dite Majesté ne prétendra jamais contre elle à des droits supérieurs à ceux que Sa Majesté Impériale a exercés jusqu'ici.

« 2. — Sa Majesté prend sous sa protection les personnes religieuses des deux sexes, et leur garantit le libre exercice de leur culte.

« 3. — Attendu que l'instiution du magistrat est exclusivement réservée à Sa Majesté royale, Sa dite Majesté a l'intention de ne disposer

---

(¹) *Geschichte der Reformation in Colmar*, page 130.

de ce droit que d'une manière utile pour la ville et la bourgeoisie, et qui ne contreviendra point à leurs us et coutumes.

« 4. — Quant au logement de guerre, la ville de Colmar ne devra point recevoir plus de troupes qu'elle n'en peut supporter, et elle fera elle-même la répartition de cette charge.

« 5. — En dernier lieu, Sa Majesté Royale prend tous et chacun en ladite ville sous la protection royale, leur garantit le paisible usage de leurs subsistances et de leurs maisons et accorde le droit de libre sortie à tous ceux qui voudraient quitter la ville.

« En confirmation de ces articles, Son Excellence le Maréchal de camp a signé le présent de sa propre main.

« Signé à Horbourg, le 19 décembre 1632.

« GUSTAVE HORN (¹). »

Le magistrat accueillit ces conditions avec un tel empressement qu'il oublia de les soumettre au Conseil des échevins, ainsi qu'il l'aurait dû faire. Cependant lorsque la capitulation fut définitivement réglée, la nuit était venue, et ce ne fut que le lendemain soir, 20 décembre, huit jours après l'occupation de Schlestadt, que trois à quatre cents hommes du régiment de Nassau firent leur entrée à Colmar. Il était trop tard pour leur distribuer leurs logements, et, par mesure de prudence, leurs chefs leur firent passer la nuit sur la place d'armes. Mais les bourgeois, les protestants surtout, heureux d'éviter le siége dont ils étaient menacés, heureux d'échapper au joug de la maison d'Autriche, eurent soin de mettre à la disposition de leurs libérateurs du vin et des vivres en abondance.

Le jour suivant, Horn lui-même, accompagné de son état-major, fit son entrée dans la ville au milieu des acclamations des habitants. Il prit ses quartiers à l'hôtel de Six-Montagnes-Noires. Tout le monde accourut, afin d'entrevoir le héros suédois.

Pendant que la foule stationnait devant l'hôtel, un grand nombre de bourgeois protestants s'y présentèrent en ordre, marchant deux par deux; l'un, Valentin Hecker, portait deux drapeaux qui avaient été pris à la garnison impériale. Ils se rangèrent si bien qu'ils purent, dans le corridor supérieur de la maison, et Horn prévenu par son maître-d'hôtel ne tarda point à venir à eux. A son arrivée, Jean-Jacques Rapp, qui écrivit lui-même le journal du siège, après s'être

---

(¹) *Geschichte der Reformation*, pp. 120-131.

placé auprès de Hecker, prit la parole, pour complimenter le libérateur. Il décrivit en peu de mots l'oppression sous laquelle les protestants avaient gémi jusqu'alors, la violence que l'on avait fait éprouver à leurs consciences, et, au nom de ses concitoyens, rendit grâces à Dieu et à Horn de leur libération. Il termina en disant : « Nous aurions désiré de tout notre cœur offrir à Votre Excellence un don proportionné au service qu'elle nous rend ; mais la persécution nous a appauvris. Nous ne pouvons que vous assurer de notre soumission et de notre dévouement absolu à votre personne, et vous présenter ces deux drapeaux récemment enlevés aux impériaux. Nous vous prions d'agréer nos sentiments, aussi bien que ces trophées, comme les seuls biens qui nous restent. »

Horn répondit : « Mes amis, je vous remercie de tout mon cœur du compliment de bienvenue que vous me faites. Oui, je le sais, vous n'avez pu, dans ces derniers temps, prier Dieu suivant le vœu de votre conscience ; je sais que vous avez dû vous soumettre aux pratiques du papisme ; mais, je puis le dire, je me suis souvent préoccupé de la violence que l'on vous faisait ; j'ai souvent eu pitié de votre sort. Le désir que j'avais de porter secours à la ville de Colmar s'est réalisé, grâces à Dieu. Remerciez-en, non pas moi, mais Dieu qui a exaucé vos prières. Quant à vos franchises et priviléges, tous ceux dont vous avez joui jusqu'ici, vous seront maintenus ; votre accueil me porte plutôt à les étendre qu'à les restreindre. Voici ma main ; je vous la donne en signe de la sincérité de mes paroles. » Il serra la main de Rapp, et ajouta : « Les drapeaux que vous m'offrez, me sont vraiment précieux ; pour vous le témoigner, je les ferai arborer aux fenêtres de l'hôtel. »

Le premier soin de Horn fut de remplacer le magistrat, pour ne point retarder jusqu'au *Meistertag*, c'est-à-dire au premier dimanche après la Saint-Laurent, le changement indispensable qu'il voulait opérer ; il fit désigner, le 21 décembre, par des commissaires nommés par lui, les membres du nouveau magistrat. La plupart furent conservés lors du renouvellement de l'année 1633. Parmi les hommes qui furent désignés, nous trouvons mentionnés en qualité d'obristmestre, Conrad Ortlieb ; en qualité de stettmestres, André Mæder, Mathias Goll et Nicolas Sandherr ; en qualité de membre du Conseil des treize et de maître de tribu, Jean et Barthélemi Thürninger. On le voit, c'est en quelque sorte le privilége de certaines familles véritablement patriciennes, de se maintenir, pendant des siècles, sans interruption, dans la position d'influence, de fortune, de développement intellectuel, qu'elles ont conquise autrefois.

Après que la bourgeoisie eut prêté serment aux nouveaux magistrats et hommage à la couronne de Suède, le superintendant de Riquewihr prononça le sermon d'usage pour l'installation de la nouvelle administration. Il prit pour texte de son discours ces paroles de Joab à David :

« Tu aimes ceux qui te haïssent et tu hais ceux qui t'aiment ; tu as fait voir aujourd'hui que tu n'as nul souci de tes généraux et de tes serviteurs, et je vois que si Absalon vivait et que nous fussions tous morts, tu serais satisfait.

« Maintenant lève-toi et marche ; rassure tes serviteurs par tes paroles ; car je te jure par le Seigneur, que si tu ne sors, pas un ne restera cette nuit avec toi, et cela te sera plus funeste que tous les maux qui sont venus fondre sur toi depuis ta jeunesse jusqu'à ce jour. »

On voit par ce texte que les esprits aigris par la persécution, n'étaient guère disposés à la tolérance.

Après le temporel, le spirituel. Horn avait fait venir de Strasbourg le docteur Jean Schmid, président de l'église de cette ville, pour restaurer le culte que Ferdinand II avait cru détruire dans ses fondements en 1628. Le docteur Schmid prononça, le 24 décembre, le sermon d'actions de grâces, dans l'église de l'hôpital, en présence de Gustave Horn, du rheingrave Othon, du comte de Nassau, nommé commandant de la place, et en présence de plusieurs membres des deux clergés catholique et protestant. Ces premières manifestations du culte restauré empruntaient un grand caractère à l'exaltation du triomphe. Cependant Lersé remarque que le discours du docteur Schmid ne répondit pas entièrement au sentiment qui dominait ses auditeurs. Il le termina par des attaques déplacées contre le calvinisme. Le docteur Schmid avait du reste, précédemment déjà, donné des preuves de son intolérante orthodoxie, en persuadant à Horn de ne point confier de fonctions de la magistrature à ceux des anciens officiers qui s'étaient retirés à Bâle, et d'exiger des membres de l'administration nouvelle un serment comme preuve de leur attachement à la confession d'Augsbourg.

Le 25 décembre, le docteur Schmid donna l'institution au chapelain du régiment de Nassau, en qualité de pasteur de la communauté de

Colmar. Il lui adjoignit peu après deux confrères, dont l'un reçut le titre de *senior* et de pasteur de la ville.

Enfin pour compléter la révolution religieuse, les Capucins qui s'étaient emparés du gymnase et les maîtres catholiques que l'on avait installés dans les écoles allemandes de Saint-Martin, furent expulsés et remplacés par des maîtres protestants. De sorte que par tous les points qui mettaient l'individu en contact avec la cité, les catholiques se trouvèrent enveloppés par le protestantisme.

C'était alors la morale des partis. Le vainqueur prenait la place du vaincu et le traitait suivant ce que lui-même avait éprouvé avant la victoire. Partout où il pouvait amoindrir l'expansion de vie du vaincu, il le faisait, sauf à subir le même sort s'il venait à tomber à son tour. Notre conscience proteste contre ces jeux de bascule. Toutes les manifestations de la pensée et du cœur humains sont légitimes tant qu'elles ne s'écartent point des principes de l'éternelle morale. Chacun doit être libre. Il ne doit y avoir dans la société ni vainqueurs ni vaincus. Le salut commun est à ce prix, et tous les enseignements de l'histoire, toutes les révélations du cœur de l'homme le démontrent irréfutablement.

Nous avons remarqué, en commençant l'histoire de la réforme, que son introduction à Colmar coïncide avec les symptômes évidents de l'affaiblissement du régime communal. On peut observer que l'effet direct des événements dont le récit précède, fut de frapper au cœur l'indépendance, la souveraineté de la cité. C'est par l'introduction de la réforme que Colmar fut jeté dans le courant de la révolution qui transmit à l'Etat, sinon la fonction, du moins la direction commerciale et industrielle. Ainsi que le fait observer M. Auguste Comte, le profond auteur de la philosophie positive, c'est le caractère distinctif de l'un des plus remarquables mouvements historiques ; on peut dire que la révolution qui amena ce résultat, clot définitivement l'ère du moyen-âge.

X. MOSSMANN.

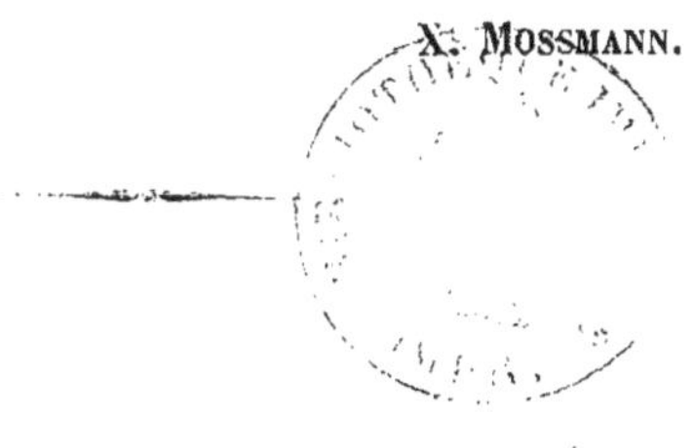